2022
中国新闻出版统计资料汇编

国家新闻出版署 编

中国书籍出版社
China Book Press

图书在版编目（CIP）数据

2022 中国新闻出版统计资料汇编／国家新闻出版署编．－－北京：中国书籍出版社，2022.11
ISBN 978-7-5068-9304-6

Ⅰ.①2… Ⅱ.①国… Ⅲ.①出版社－出版物－统计资料－汇编－中国－2022　Ⅳ.①G239.21

中国版本图书馆 CIP 数据核字（2022）第 216906 号

2022 中国新闻出版统计资料汇编

国家新闻出版署　编

责任编辑	杨铠瑞
责任印制	孙马飞　马　芝
封面设计	楠竹文化
出版发行	中国书籍出版社
地　　址	北京市丰台区三路居路 97 号（邮编：100073）
电　　话	（010）52257143（总编室）　　　（010）52257140（发行部）
电子邮箱	eo@chinabp.com.cn
经　　销	全国新华书店
印　　刷	北京九州迅驰传媒文化有限公司
开　　本	787 毫米×1092 毫米　1/16
印　　张	12
字　　数	310 千字
版　　次	2023 年 2 月第 1 版　2023 年 2 月第 1 次印刷
书　　号	ISBN 978-7-5068-9304-6
定　　价	139.00 元

版权所有　翻印必究

目　录

二○二一年全国新闻出版业基本情况 ……………………………………………… （1）

一、图书出版

全国各类图书出版数量及与上年相比增减百分比 ………………………………… （15）
中央出版单位各类图书出版数量及与上年相比增减百分比 ……………………… （19）
地方出版单位各类图书出版数量及与上年相比增减百分比 ……………………… （23）
全国出版图书用纸量 …………………………………………………………………… （27）
全国出版图书用纸量与上年相比增减百分比 ……………………………………… （27）
使用《中国标准书号》图书出版数量中各类图书所占百分比 …………………… （28）
全国各地区图书出版总量 ……………………………………………………………… （29）
全国各地区各类图书出版数量 ………………………………………………………… （30）
全国各类少年儿童读物出版数量 ……………………………………………………… （56）
全国各地区少年儿童读物出版数量 …………………………………………………… （57）
全国课本出版数量 ……………………………………………………………………… （58）
全国课本出版数量与上年相比增减百分比 …………………………………………… （58）
课本出版数量（中央出版社） ………………………………………………………… （59）
课本出版数量与上年相比增减百分比（中央出版社） ……………………………… （59）
课本出版数量（地方出版社） ………………………………………………………… （60）
课本出版数量与上年相比增减百分比（地方出版社） ……………………………… （60）
全国各地区课本出版总量 ……………………………………………………………… （61）
全国各地区各类课本出版数量 ………………………………………………………… （62）
在地方图书出版数量中各省（自治区、直辖市）所占百分比 ……………………… （69）
全国图书出版数量（书籍、课本、图片） …………………………………………… （70）
使用《中国标准书号》各类图书的平均印数、平均印张、平均定价
　和平均印张定价 ……………………………………………………………………… （72）
各地区使用《中国标准书号》各类图书的平均印数、平均印张、平均定价
　和平均印张定价 ……………………………………………………………………… （75）
各类课本的平均印数、平均印张、平均定价和平均印张定价 ……………………… （98）
全国少数民族文字图书出版数量与上年相比增减百分比 …………………………… （99）
全国少数民族文字图书出版数量 ……………………………………………………… （100）

二、期刊出版

全国各地区各类期刊出版数量 ………………………………………………………… （104）
全国各地区少儿期刊、画刊出版数量 ………………………………………………… （108）

-1-

各类期刊占期刊出版总数的百分比…………………………………………（109）
　　主要刊期的期刊出版数量……………………………………………………（110）
　　各类期刊的平均印张和平均定价……………………………………………（111）
　　全国少数民族文字期刊分类出版数量………………………………………（112）
　　全国少数民族文字期刊出版数量与上年相比增减百分比…………………（113）

三、报纸出版
　　全国各级报纸出版数量………………………………………………………（117）
　　各级综合报纸出版数量………………………………………………………（119）
　　各级专业报纸出版数量………………………………………………………（121）
　　各级生活服务报纸出版数量…………………………………………………（123）
　　各级读者对象报纸出版数量…………………………………………………（125）
　　各级文摘报纸出版数量………………………………………………………（127）
　　主要刊期的报纸出版数量……………………………………………………（129）
　　全国少数民族文字报纸出版数量……………………………………………（130）
　　全国少数民族文字报纸出版数量与上年相比增减百分比…………………（130）

四、音像、电子出版物出版
　　按载体形式分类全国各地区录音制品出版品种、数量……………………（133）
　　按内容分类全国录音制品出版品种、数量…………………………………（135）
　　按内容分类全国各地区录音制品出版品种、数量…………………………（136）
　　按载体形式分类全国各地区录像制品出版品种、数量……………………（144）
　　按内容分类全国录像制品出版品种、数量…………………………………（146）
　　按内容分类全国各地区录像制品出版品种、数量…………………………（147）
　　按载体形式分类全国各地区电子出版物出版品种、数量…………………（153）

五、出版物印刷
　　全国出版物印刷生产情况……………………………………………………（157）
　　全国出版物印刷企业财务情况………………………………………………（158）

六、出版物发行
　　全国新华书店系统、出版社自办发行单位出版物发行进、销、存情况……（161）
　　全国新华书店系统、出版社自办发行单位出版物纯销售情况……………（162）
　　全国新华书店系统、出版社自办发行单位出版物销售分类情况…………（163）
　　全国出版物发行网点数量和人数……………………………………………（164）

七、出版物进出口
　　全国图书、期刊、报纸进出口情况……………………………………………（167）
　　全国音像、电子出版物进出口情况……………………………………………（167）

八、版权管理及贸易

全国版权合同登记情况统计 ………………………………………………………… (171)
全国作品自愿登记情况统计 ………………………………………………………… (172)
引进出版物版权汇总表 ……………………………………………………………… (173)
输出出版物版权汇总表 ……………………………………………………………… (173)
版权执法 ……………………………………………………………………………… (174)

九、出版机构、人员

各地区图书、音像、出版物印刷、物资机构数及职工人数 ……………………… (177)

二〇二一年全国新闻出版业基本情况

2021年，全国共出版图书、期刊、报纸、音像制品和电子出版物426.65亿册（份、盒、张），较2020年增长2.19%。其中，出版图书118.64亿册（张），增长14.37%，占全部数量的27.81%；期刊20.09亿册，降低1.29%，占4.71%；报纸283.02亿份，降低2.12%，占66.34%；音像制品1.72亿盒（张），降低1.79%，占0.40%；电子出版物3.18亿张，增长25.73%，占0.75%。全国出版图书、期刊、报纸总印张为1813.48亿印张，与上年相比，增长7.31%。

图　　书

截至2021年年底，全国共有出版社587家（包括副牌社24家），其中，中央级出版社220家（包括副牌社13家），地方出版社367家（包括副牌社11家）。

一、图书出版总量

2021年，全国出版新版图书225253种，总印数27.48亿册（张），总印张294.58亿印张，定价总金额988.94亿元；与上年相比，品种增长5.44%，总印数增长18.36%，总印张增长20.56%，定价总金额增长19.08%。重印图书303944种，总印数68.97亿册（张），总印张606.71亿印张，定价总金额1448.36亿元；与上年相比，品种增长10.36%，总印数增长14.58%，总印张增长15.50%，定价总金额增长21.25%。租型图书总印数22.19亿册（张），总印张164.65亿印张，定价总金额178.83亿元；与上年相比，总印数增长9.18%，总印张增长10.29%，定价总金额增长11.56%。

其中：

1. 书籍新版204999种，重印233708种，合计438707种，总印数75.24亿册（张），总印张729.25亿印张，定价总金额2121.80亿元。与上年相比，新版品种增长5.35%，重印品种增长11.66%，品种合计增长8.62%，总印数增长15.40%，总印张增长17.63%，定价总金额增长20.89%。

2. 课本新版20075种，重印70068种，合计90143种，总印数43.21亿册（张），总印张335.87亿印张，定价总金额489.06亿元。与上年相比，新版品种增长6.36%，重印品种增长6.27%，品种合计增长6.29%，总印数增长13.98%，总印张增长14.55%，定价总金额增长16.60%。

3. 图片新版179种，重印168种，合计347种，总印数0.03亿册（张），总印张0.08亿印张，定价总金额0.51亿元。与上年相比，新版品种增长7.19%，重印品种降低1.18%，品种合计增长2.97%，总印数降低20.28%，总印张增长49.72%，定价总金额增长60.67%。

4. 附录总印数0.16亿册（张），总印张0.73亿印张，定价总金额4.76亿元。

二、各类图书出版情况

在使用中国标准书号的22类图书中：

1. 马列主义、毛泽东思想类新版510种，重印502种，总印数2559万册（张），总印张438292

千印张，定价总金额 82544 万元，占新版品种 0.23%、重印品种 0.17%、总印数 0.22%、总印张 0.41%、定价总金额 0.32%。与上年相比，新版品种增长 31.44%，重印品种增长 42.61%，总印数增长 34.19%，总印张增长 32.29%，定价总金额增长 42.04%。

2. 哲学类新版 4261 种，重印 5102 种，总印数 8175 万册（张），总印张 1097229 千印张，定价总金额 426539 万元，占新版品种 1.89%、重印品种 1.68%、总印数 0.69%、总印张 1.03%、定价总金额 1.63%。与上年相比，新版品种降低 7.55%，重印品种增长 28.06%，总印数增长 6.36%，总印张增长 13.07%，定价总金额增长 16.13%。

3. 社会科学总论类新版 2887 种，重印 2782 种，总印数 3378 万册（张），总印张 494460 千印张，定价总金额 182064 万元，占新版品种 1.28%、重印品种 0.92%、总印数 0.28%、总印张 0.46%、定价总金额 0.70%。与上年相比，新版品种增长 8.94%，重印品种增长 11.24%，总印数降低 13.30%，总印张降低 1.28%，定价总金额增长 6.47%。

4. 政治、法律类新版 12526 种，重印 6004 种，总印数 61340 万册（张），总印张 7685646 千印张，定价总金额 1840941 万元，占新版品种 5.56%、重印品种 1.98%、总印数 5.17%、总印张 7.21%、定价总金额 7.04%。与上年相比，新版品种增长 13.85%，重印品种增长 8.87%，总印数增长 145.16%，总印张增长 88.25%，定价总金额增长 72.45%。

5. 军事类新版 596 种，重印 717 种，总印数 1005 万册（张），总印张 124641 千印张，定价总金额 44526 万元，占新版品种 0.26%、重印品种 0.24%、总印数 0.08%、总印张 0.12%、定价总金额 0.17%。与上年相比，新版品种降低 5.55%，重印品种增长 29.66%，总印数增长 2.87%，总印张增长 3.60%，定价总金额增长 12.08%。

6. 经济类新版 18991 种，重印 16563 种，总印数 15247 万册（张），总印张 2529910 千印张，定价总金额 891932 万元，占新版品种 8.43%、重印品种 5.45%、总印数 1.29%、总印张 2.37%、定价总金额 3.41%。与上年相比，新版品种增长 5.45%，重印品种增长 9.85%，总印数增长 8.98%，总印张增长 7.69%，定价总金额增长 10.41%。

7. 文化、科学、教育、体育类新版 74750 种，重印 144290 种，总印数 900214 万册（张），总印张 71442439 千印张，定价总金额 14243781 万元，占新版品种 33.18%、重印品种 47.47%、总印数 75.88%、总印张 67.02%、定价总金额 54.45%。与上年相比，新版品种增长 10.51%，重印品种增长 7.05%，总印数增长 11.96%，总印张增长 14.27%，定价总金额增长 18.56%。

8. 语言、文字类新版 6688 种，重印 12261 种，总印数 25530 万册（张），总印张 3234772 千印张，定价总金额 1008331 万元，占新版品种 2.97%、重印品种 4.03%、总印数 2.15%、总印张 3.03%、定价总金额 3.85%。与上年相比，新版品种降低 0.58%，重印品种增长 8.73%，总印数增长 12.86%，总印张增长 7.17%，定价总金额增长 15.22%。

9. 文学类新版 27962 种，重印 26818 种，总印数 79217 万册（张），总印张 7968876 千印张，定价总金额 2744257 万元，占新版品种 12.41%、重印品种 8.82%、总印数 6.68%、总印张 7.48%、定价总金额 10.49%。与上年相比，新版品种降低 0.43%，重印品种增长 19.46%，总印数增长 11.21%，总印张增长 15.68%，定价总金额增长 19.16%。

10. 艺术类新版 13701 种，重印 10803 种，总印数 18907 万册（张），总印张 1684134 千印张，定价总金额 837327 万元，占新版品种 6.08%、重印品种 3.55%、总印数 1.59%、总印张 1.58%、定价总金额 3.20%。与上年相比，新版品种增长 5.35%，重印品种增长 9.08%，总印数增长 2.78%，总印张降低 5.22%，定价总金额增长 4.68%。

11. 历史、地理类新版 11858 种，重印 7711 种，总印数 18331 万册（张），总印张 2390274 千印张，定价总金额 1071207 万元，占新版品种 5.26%、重印品种 2.54%、总印数 1.55%、总印张 2.24%、定价总金额 4.09%。与上年相比，新版品种增长 3.42%，重印品种增长 26.24%，总印数增长 36.90%，总印张增长 27.45%，定价总金额增长 33.08%。

12. 自然科学总论类新版 478 种，重印 556 种，总印数 1104 万册（张），总印张 124238 千印张，定价总金额 68942 万元，占新版品种 0.21%、重印品种 0.18%、总印数 0.09%、总印张 0.12%、定价总金额 0.26%。与上年相比，新版品种增长 5.75%，重印品种增长 16.56%，总印数增长 38.87%，总印张增长 22.23%，定价总金额增长 28.35%。

13. 数理科学、化学类新版 2836 种，重印 8715 种，总印数 6560 万册（张），总印张 904744 千印张，定价总金额 270344 万元，占新版品种 1.26%、重印品种 2.87%、总印数 0.55%、总印张 0.85%、定价总金额 1.03%。与上年相比，新版品种增长 5.31%，重印品种增长 17.42%，总印数增长 16.52%，总印张增长 18.18%，定价总金额增长 18.16%。

14. 天文学、地球科学类新版 2238 种，重印 1697 种，总印数 1823 万册（张），总印张 190937 千印张，定价总金额 114333 万元，占新版品种 0.99%、重印品种 0.56%、总印数 0.15%、总印张 0.18%、定价总金额 0.44%。与上年相比，新版品种增长 21.17%，重印品种增长 31.65%，总印数增长 18.53%，总印张增长 13.97%，定价总金额增长 26.14%。

15. 生物科学类新版 1815 种，重印 2536 种，总印数 3182 万册（张），总印张 344303 千印张，定价总金额 157045 万元，占新版品种 0.81%、重印品种 0.83%、总印数 0.27%、总印张 0.32%、定价总金额 0.60%。与上年相比，新版品种增长 5.40%，重印品种增长 24.93%，总印数增长 31.49%，总印张增长 28.36%，定价总金额增长 33.76%。

16. 医药、卫生类新版 11306 种，重印 11702 种，总印数 12039 万册（张），总印张 1930991 千印张，定价总金额 672311 万元，占新版品种 5.02%、重印品种 3.85%、总印数 1.01%、总印张 1.81%、定价总金额 2.57%。与上年相比，新版品种降低 0.57%，重印品种增长 7.57%，总印数降低 12.57%，总印张增长 0.65%，定价总金额增长 3.66%。

17. 农业科学类新版 3004 种，重印 2275 种，总印数 1426 万册（张），总印张 176307 千印张，定价总金额 75124 万元，占新版品种 1.33%、重印品种 0.75%、总印数 0.12%、总印张 0.17%、定价总金额 0.29%。与上年相比，新版品种增长 6.04%，重印品种增长 9.22%，总印数降低 7.04%，总印张增长 8.59%，定价总金额增长 8.71%。

18. 工业技术类新版 20055 种，重印 35973 种，总印数 17939 万册（张），总印张 3006404 千印张，定价总金额 1001386 万元，占新版品种 8.90%、重印品种 11.84%、总印数 1.51%、总印张 2.82%、定价总金额 3.83%。与上年相比，新版品种增长 0.80%，重印品种增长 8.97%，总印数增长 11.84%，总印张增长 9.00%，定价总金额增长 11.60%。

19. 交通运输类新版 3001 种，重印 4033 种，总印数 2222 万册（张），总印张 301717 千印张，定价总金额 112002 万元，占新版品种 1.33%、重印品种 1.33%、总印数 0.19%、总印张 0.28%、定价总金额 0.43%。与上年相比，新版品种增长 9.49%，重印品种增长 21.73%，总印数增长 16.76%，总印张增长 12.62%，定价总金额增长 17.62%。

20. 航空、航天类新版 509 种，重印 530 种，总印数 337 万册（张），总印张 37024 千印张，定价总金额 21787 万元，占新版品种 0.23%、重印品种 0.17%、总印数 0.03%、总印张 0.03%、定价总金额 0.08%。与上年相比，新版品种增长 11.87%，重印品种增长 30.22%，总印数增长

27.65%，总印张增长 8.49%，定价总金额增长 36.72%。

21. 环境科学类新版 1806 种，重印 1287 种，总印数 1044 万册（张），总印张 118470 千印张，定价总金额 47161 万元，占新版品种 0.80%、重印品种 0.42%、总印数 0.09%、总印张 0.11%、定价总金额 0.18%。与上年相比，新版品种增长 13.58%，重印品种增长 26.55%，总印数降低 25.85%，总印张降低 5.99%，定价总金额降低 0.54%。

22. 综合性图书类新版 3296 种，重印 919 种，总印数 2884 万册（张），总印张 286976 千印张，定价总金额 194727 万元，占新版品种 1.46%、重印品种 0.30%、总印数 0.24%、总印张 0.27%、定价总金额 0.74%。与上年相比，新版品种降低 9.90%，重印品种增长 13.60%，总印数增长 12.66%，总印张降低 7.44%，定价总金额增长 12.49%。

三、各类课本出版情况

1. 大专及以上课本新版 16451 种，重印 49806 种，总印数 33605 万册（张），总印张 6014554 千印张，定价总金额 1498942 万元。与上年相比，新版品种增长 8.26%，重印品种增长 7.41%，总印数增长 15.63%，总印张增长 15.80%，定价总金额增长 19.03%。

2. 中专、技校课本新版 1025 种，重印 6374 种，总印数 10945 万册（张），总印张 1509138 千印张，定价总金额 324498 万元。与上年相比，新版品种降低 7.74%，重印品种增长 4.96%，总印数增长 41.79%，总印张增长 46.25%，定价总金额增长 49.05%。

3. 中学课本新版 722 种，重印 4716 种，总印数 188125 万册（张），总印张 15144425 千印张，定价总金额 1632630 万元。与上年相比，新版品种降低 3.22%，重印品种增长 1.09%，总印数增长 11.51%，总印张增长 13.73%，定价总金额增长 14.54%。

4. 小学课本新版 848 种，重印 4409 种，总印数 195095 万册（张），总印张 10190265 千印张，定价总金额 1228265 万元。与上年相比，新版品种增长 43.73%，重印品种增长 1.52%，总印数增长 15.08%，总印张增长 11.86%，定价总金额增长 11.10%。

5. 业余教育课本新版 558 种，重印 1290 种，总印数 1425 万册（张），总印张 265075 千印张，定价总金额 69627 万元。与上年相比，新版品种降低 7.00%，重印品种降低 1.07%，总印数增长 5.79%，总印张增长 4.46%，定价总金额增长 3.45%。

6. 扫盲课本新版 3 种，无重印品种，总印数 1 万册（张），总印张 59 千印张，定价总金额 34 万元。

7. 教学用书新版 468 种，重印 3473 种，总印数 2867 万册（张），总印张 463981 千印张，定价总金额 136592 万元。与上年相比，新版品种降低 25.95%，重印品种增长 9.28%，总印数增长 6.50%，总印张增长 11.52%，定价总金额增长 14.68%。

四、少年儿童读物出版情况

2021 年，全国共出版少年儿童读物新版 18812 种，重印 27510 种，总印数 96994 万册（张），总印张 5592253 千印张，定价总金额 2861625 万元。与上年相比，新版品种增长 1.33%，重印品种增长 14.85%，总印数增长 7.26%，总印张增长 11.32%，定价总金额增长 14.92%。

期　　刊

一、期刊出版总量

2021 年，全国共出版期刊 10185 种，平均期印数 11048 万册，每种平均期印数 1.12 万册，总印数 20.09 亿册，总印张 118.97 亿印张，定价总金额 217.33 亿元。与上年相比，种数降低 0.07%，平均期印数降低 0.76%，每种平均期印数降低 0.69%，总印数降低 1.29%，总印张增长 2.21%，定价总金额增长 2.55%。

二、各类期刊出版情况

1. 哲学、社会科学类期刊 2686 种，平均期印数 6497 万册，总印数 104449 万册，总印张 5424055 千印张；占期刊总品种 26.37%，总印数 51.99%，总印张 45.59%。与上年相比，种数降低 0.07%，平均期印数增长 1.15%，总印数降低 1.76%，总印张降低 2.02%。

2. 文化、教育类期刊 1400 种，平均期印数 1785 万册，总印数 48384 万册，总印张 2214887 千印张；占期刊总品种 13.75%，总印数 24.08%，总印张 18.62%。与上年相比，种数降低 0.07%，平均期印数降低 4.39%，总印数降低 0.34%，总印张降低 1.18%。

3. 文学、艺术类期刊 659 种，平均期印数 495 万册，总印数 10230 万册，总印张 563515 千印张；占期刊总品种 6.47%，总印数 5.09%，总印张 4.74%。与上年相比，种数降低 0.30%，平均期印数降低 3.66%，总印数降低 6.60%，总印张降低 5.04%。

4. 自然科学、技术类期刊 5088 种，平均期印数 1660 万册，总印数 24664 万册，总印张 2987539 千印张；占期刊总品种 49.96%，总印数 12.28%，总印张 25.11%。与上年相比，种数持平，平均期印数降低 4.14%，总印数降低 2.72%，总印张增长 16.35%。

5. 综合类期刊 352 种，平均期印数 611 万册，总印数 13180 万册，总印张 707257 千印张；占期刊总品种 3.46%，总印数 6.56%，总印张 5.94%。与上年相比，种数降低 0.56%，平均期印数增长 2.32%，总印数增长 6.71%，总印张增长 0.85%。

2021 年，全国共出版少年儿童期刊 208 种，平均期印数 1142 万册，总印数 35571 万册，总印张 1094224 千印张；占期刊总品种 2.04%，总印数 17.71%，总印张 9.20%。与上年相比，种数降低 0.48%，平均期印数增长 4.87%，总印数增长 6.29%，总印张增长 7.22%。

2021 年，全国共出版画刊（不含面向少年儿童的画刊）50 种，平均期印数 34 万册，总印数 519 万册，总印张 38737 千印张；占期刊总品种 0.49%，总印数 0.26%，总印张 0.33%。与上年相比，种数持平，平均期印数降低 14.57%，总印数降低 7.69%，总印张降低 10.59%。

2021 年，全国共出版动漫期刊 28 种，平均期印数 40 万册，总印数 1083 万册，总印张 44813 千印张；占期刊总品种 0.27%，总印数 0.54%，总印张 0.38%。与上年相比，种数降低 9.68%，平均期印数降低 5.66%，总印数降低 15.84%，总印张降低 19.37%。

报　　纸

一、报纸出版总量

2021 年，全国共出版报纸 1752 种，平均期印数 15566.80 万份，每种平均期印数 8.89 万份，总印数 283.02 亿份，总印张 628.57 亿印张，定价总金额 366.06 亿元。与上年相比，种数降低 3.20%，平均期印数降低 0.80%，总印数降低 2.12%，总印张降低 3.99%，定价总金额降低 0.10%。

二、各级报纸出版情况

1. 全国性和省级报纸 905 种，平均期印数 12395.41 万份，总印数 196.83 亿份，总印张 423.79

亿印张；占报纸总品种 51.66%，总印数 69.54%，总印张 67.42%。与上年相比，种数降低 2.90%，平均期印数增长 0.57%，总印数降低 0.91%，总印张降低 2.56%。

其中：

全国性报纸 204 种，平均期印数 2747.77 万份，总印数 75.35 亿份，总印张 192.25 亿印张；占报纸总品种 11.64%，总印数 26.62%，总印张 30.58%。与上年相比，种数降低 2.39%，平均期印数增长 0.31%，总印数增长 0.75%，总印张增长 2.47%。

省级报纸 701 种，平均期印数 9647.64 万份，总印数 121.48 亿份，总印张 231.55 亿印张；占报纸总品种 40.01%，总印数 42.92%，总印张 36.84%。与上年相比，种数降低 3.04%，平均期印数增长 0.65%，总印数降低 1.91%，总印张降低 6.38%。

2. 地、市级报纸 827 种，平均期印数 3132.82 万份，总印数 85.08 亿份，总印张 203.10 亿印张；占报纸总品种 47.20%，总印数 30.06%，总印张 32.31%。与上年相比，种数降低 3.73%，平均期印数降低 6.01%，总印数降低 4.94%，总印张降低 6.82%。

3. 县级报纸 20 种，平均期印数 38.57 万份，总印数 1.11 亿份，总印张 1.67 亿印张；占报纸总品种 1.14%，总印数 0.39%，总印张 0.27%。与上年相比，种数增长 5.26%，平均期印数增长 10.50%，总印数增长 10.50%，总印张降低 6.67%。

三、各类报纸出版情况

1. 综合类报纸 829 种，平均期印数 5241.87 万份，总印数 171.10 亿份，总印张 464.34 亿印张；占报纸总品种 47.32%，总印数 60.45%，总印张 73.87%。与上年相比，种数降低 1.78%，平均期印数降低 3.72%，总印数降低 3.68%，总印张降低 4.35%。

2. 专业类报纸 627 种，平均期印数 8648.45 万份，总印数 92.64 亿份，总印张 133.84 亿印张；占报纸总品种 35.79%，总印数 32.73%，总印张 21.29%。与上年相比，种数降低 3.69%，平均期印数增长 1.70%，总印数增长 1.55%，总印张降低 2.10%。

3. 生活服务类报纸 178 种，平均期印数 419.72 万份，总印数 3.47 亿份，总印张 8.57 亿印张；占报纸总品种 10.16%，总印数 1.22%，总印张 1.36%。与上年相比，种数降低 8.25%，平均期印数降低 16.92%，总印数降低 14.91%，总印张降低 22.90%。

4. 读者对象类报纸 99 种，平均期印数 1100.49 万份，总印数 13.85 亿份，总印张 19.37 亿印张；占报纸总品种 5.65%，总印数 4.89%，总印张 3.08%。与上年相比，种数持平，平均期印数增长 3.22%，总印数降低 0.25%，总印张增长 4.31%。

5. 文摘类报纸 19 种，平均期印数 156.28 万份，总印数 1.97 亿份，总印张 2.45 亿印张；占报纸总品种 1.08%，总印数 0.70%，总印张 0.39%。与上年相比，种数降低 13.64%，平均期印数降低 10.00%，总印数降低 15.28%，总印张降低 13.69%。

音像制品与电子出版物

截至 2021 年年底，全国共有音像制品出版单位 377 家，电子出版物出版单位 315 家。

一、录音制品出版情况

2021 年，全国共出版录音制品 4799 种，12448.01 万盒（张）。与上年相比，品种降低 9.66%，出版数量增长2.08%。各类录音制品的出版数量及其增减百分比如下：

1. 录音带（AT）新出142种、253.22万盒，再版460种、1516.08万盒，合计602种、1769.30万盒。与上年相比，品种降低14.25%，数量降低32.71%。少年儿童类9种，数量6.53万盒。

2. 激光唱盘（CD）新出1562种、2718.96万张，再版2010种、7784.77万张，合计3572种、10503.73万张，与上年相比，品种降低11.14%，数量增长11.26%。少年儿童类165种，数量142.37万张。

3. 高密度激光唱盘（DVD-A）及其他载体新出486种、116.06万张，再版139种、58.92万张，合计625种、174.98万张，与上年相比，品种增长5.93%，数量增长40.49%。少年儿童类11种，数量1.01万张。

二、录像制品出版情况

2021年，全国共出版录像制品3373种、4752.83万盒（张）。与上年相比，品种增长2.24%，出版数量降低10.67%。

各类录像制品的出版数量及其增减百分比如下：

1. 录像带（VT）及其他载体新出512种、49.25万盒（张），再版64种、4.20万盒（张），合计576种、53.45万盒（张）。与上年相比，品种增长52.38%，数量增长107.89%。少年儿童类12种，数量1.57万盒（张）。

2. 数码激光视盘（VCD）新出24种、32.24万张，再版161种、307.39万张，合计185种、339.63万张。与上年相比，品种降低23.55%，数量降低49.37%。少年儿童类无。

3. 高密度激光视盘（DVD-V）新出1837种、871.21万张，再版775种、3488.54万张，合计2612种、4359.75万张。与上年相比，品种降低2.50%，数量降低5.71%。少年儿童类180种，数量650.15万张。

三、电子出版物出版情况

2021年，全国共出版电子出版物8199种、31773.11万张。与上年相比，品种增长4.78%，出版数量增长25.73%。

1. 只读光盘（CD-ROM）新出2374种、1246.89万张，再版2858种、25189.32万张，合计5232种、26436.21万张。与上年相比，品种增长0.60%，数量增长19.58%。

2. 高密度只读光盘（DVD-ROM）新出827种、348.52万张，再版1199种、4513.83万张，合计2026种、4862.35万张。与上年相比，品种增长3.26%，数量增长69.20%。

3. 交互式光盘（CD-I）及其他载体新出747种、86.07万张，再版194种、388.48万张，品种941种、474.55万张。与上年相比，品种增长42.15%，数量增长64.02%。

印 刷 复 制

一、印刷复制总体情况

2021年，印刷复制（包括出版物印刷与专项印刷、包装装潢印刷、其他印刷品印刷、印刷物资供销和复制）实现营业收入13301.38亿元，与上年相比，增长10.93%；利润总额545.17亿元，降低1.77%。出版物印刷（含专项印刷）营业收入1668.29亿元，增长7.12%；利润总额81.28亿元，增长 0.96%。包装装潢印刷营业收入 10704.10 亿元，增长 12.64%；利润总额 432.68 亿元，降低 2.09%。其他印刷品营业收入 797.18 亿元，增长 1.84%；利润总额 35.68 亿元，降低 17.79%。

二、单位数量与从业人员情况（含专项印刷）

2021 年，全国出版物印刷企业（含专项印刷）共有 9518 家，与上年相比增长 2.66%；职工年末平均人数 35.76 万人，降低 4.08%。

三、出版物印刷企业产量（含专项印刷）

1. 图书、报纸、期刊及其他印刷品黑白印刷产量 18956.36 万令，彩色印刷产量 123687.09 万对开色令。与上年相比，黑白印刷产量降低 9.56%，彩色印刷产量增长 12.41%。
2. 装订产量 29625.95 万令，与上年相比基本持平。

出版物发行

一、发行网点与从业人员情况

2021 年，全国共有出版物发行网点 188686 处，与上年相比增长 2.80%。其中，新华书店及其发行网点 11228 处，增长 5.82%；出版社自办发行网点 396 处，降低 1.00%；邮政系统发行网点 33361 处；其他批发网点 16839 处，集个体零售网点 126852 处。

2021 年，全国新华书店系统与出版社自办发行网点从业人员 12.32 万人，与上年相比增长 2.63%。

二、出版物购进情况

2021 年，全国新华书店系统、出版社自办发行单位出版物总购进 259.35 亿册（张、份、盒）、4497.36 亿元。与上年相比，数量增长 12.45%，金额增长 21.39%。其中，新华书店系统购进 163.38 亿册（张、份、盒）、2193.73 亿元；与上年相比，数量增长 7.78%，金额增长 17.11%。

三、出版物销售情况

（一）总销售情况

2021 年，全国新华书店系统、出版社自办发行单位出版物总销售 253.76 亿册（张、份、盒）、4356.16 亿元。与上年相比，数量增长 10.38%，金额增长 19.06%。其中，新华书店系统销售 159.12 亿册（张、份、盒）、2101.37 亿元；与上年相比，数量增长 5.80%，金额增长 14.03%。

其中：

1. 居民和社会团体零售总额 1329.74 亿元，与上年相比增长 18.78%。其中，城市零售 1194.86 亿元，农村零售 134.88 亿元。城乡零售比为 8.86：1。
2. 出版物批发销售总额 3024.77 亿元，与上年相比增长 19.22%，批零比为 2.27：1。其中，批发给市（县）批发机构、出版物零售发行企业 3020.96 亿元，增长 19.25%；批发给县以下单位或个人 3.81 亿元，增长 0.45%。
3. 出口总额 1.64 亿元，与上年相比降低 29.83%。

（二）纯销售情况

2021 年，全国新华书店系统、出版社自办发行单位出版物纯销售 93.08 亿册（张、份、盒）、

1335.19 亿元；与上年相比，数量增长 11.30%，金额增长 18.61%。

（三）各类出版物零售情况

2021 年，全国新华书店系统、出版社自办发行单位各类出版物的零售数量、金额及其所占零售总量比重如下：

1. 图书 91.12 亿册、1285.12 亿元，占零售数量 98.15%、零售金额 96.64%。

其中：

（1）哲学、社会科学类图书 3.65 亿册、118.13 亿元，占零售数量 3.93%、零售金额 8.88%。

（2）文化、教育类图书 83.30 亿册、1013.71 亿元，占零售数量 89.72%、零售金额 76.23%。其中，中小学课本及教学用书 37.98 亿册、318.10 亿元，占零售数量 40.90%、零售金额 23.92%；教辅读物 38.62 亿册、533.54 亿元，占零售数量 41.59%、零售金额 40.12%。

（3）文学、艺术类图书 2.61 亿册、95.94 亿元，占零售数量 2.81%、零售金额 7.22%。

（4）自然科学、技术类图书 1.20 亿册、47.40 亿元，占零售数量 1.29%、零售金额 3.56%。

（5）综合类图书 0.38 亿册、9.94 亿元，占零售数量 0.40%、零售金额 0.75%。

此外，少年儿童读物 2.27 亿册、73.22 亿元，占零售数量 2.44%、零售金额 5.51%；大中专教材、业余教育课本及教学用书 1.68 亿册、44.76 亿元，占零售数量 1.80%、零售金额 3.37%。

2. 期刊 0.74 亿册、16.34 亿元，占零售数量 0.80%、零售金额 1.23%。

3. 报纸 0.21 亿份、1.33 亿元，占零售数量 0.22%、零售金额 0.10%。

4. 音像制品 0.66 亿盒（张）、5.78 亿元，占零售数量 0.72%、零售金额 0.43%。

5. 电子出版物 0.10 亿张、0.94 亿元，占零售数量 0.11%、零售金额 0.07%。

6. 数字出版物（电子书等，不包含电子阅读器等硬件）20.24 亿元，占零售金额 1.52%。

四、出版物库存情况

全国新华书店系统、出版社自办发行单位年末库存 73.95 亿册（张、份、盒）、1705.77 亿元；与上年相比，数量增长 8.58%，金额增长 12.33%。

五、非出版物商品销售

非出版物商品销售金额 145.85 亿元（不含在销售总额之内）。

出版物进出口

一、图书、报纸、期刊出口

2021 年，全国累计出口图书、报纸、期刊 846.10 万册（份）、4816.57 万美元。与上年相比，数量降低 26.20%，金额增长 2.06%。其中，全国出版物进出口经营单位累计出口 699.47 万册（份）、3539.03 万美元；与上年相比，数量降低 24.68%，金额增长 8.47%。全国出版物进出口经营单位累计出口构成如下：

1. 图书出口 552.77 万册、3211.32 万美元。与上年相比，数量降低 16.96%，金额增长 14.54%。

2. 期刊出口 141.10 万册、326.26 万美元。与上年相比，数量降低 43.24%，金额降低 25.48%。

3. 报纸出口 5.60 万份、1.45 万美元。与上年相比,数量降低 61.08%,金额降低 93.24%。

全国出版物进出口经营单位各类图书出口的数量、金额及其所占全国出版物进出口经营单位图书出口总量的比重如下:

1. 哲学、社会科学类 88.78 万册、905.37 万美元,占数量 16.06%、金额 28.19%。
2. 文化、教育类 120.66 万册、554.28 万美元,占数量 21.83%、金额 17.26%。
3. 文学、艺术类 75.79 万册、561.84 万美元,占数量 13.71%、金额 17.50%。
4. 自然、科学技术类 25.15 万册、217.94 万美元,占数量 4.55%、金额 6.79%。
5. 少儿读物类 151.37 万册、182.72 万美元,占数量 27.38%、金额 5.69%。
6. 综合类 91.02 万册、789.17 万美元,占数量 16.47%、金额 24.57%。

二、图书、报纸、期刊进口

2021 年,全国出版物进出口经营单位累计进口图书、报纸、期刊 4435.73 万册(份)、37858.58 万美元。与上年相比,数量增长 11.61%,金额增长 4.53%。

其中:

1. 图书进口 3636.71 万册、25138.51 万美元。与上年相比,数量增长 12.81%,金额增长 8.65%。
2. 期刊进口 226.73 万册、11732.55 万美元。与上年相比,数量降低 4.96%,金额降低 4.19%。
3. 报纸进口 572.29 万份、987.52 万美元。与上年相比,数量增长 11.79%,金额增长 18.53%。

各类图书进口的数量、金额及其所占图书进口总量的比重如下:

1. 哲学、社会科学类 130.41 万册、2127.63 万美元,占数量 3.59%、金额 8.46%。
2. 文化、教育类 654.38 万册、4448.07 万美元,占数量 17.99%、金额 17.69%。
3. 文学、艺术类 843.94 万册、5736.99 万美元,占数量 23.21%、金额 22.82%。
4. 自然、科学技术类 266.99 万册、3330.71 万美元,占数量 7.34%、金额 13.25%。
5. 少儿读物类 967.09 万册、3343.54 万美元,占数量 26.59%、金额 13.30%。
6. 综合类 773.90 万册、6151.57 万美元,占数量 21.28%、金额 24.47%。

三、音像制品、电子出版物与数字出版物出口

2021 年,全国累计出口音像制品、电子出版物与数字出版物 2.65 万盒(张)、5706.38 万美元。与上年相比,数量降低 22.95%,金额增长 59.51%。其中,全国出版物进出口经营单位累计出口 0.19 万盒(张)、185.19 万美元;与上年相比,数量降低 72.03%,金额增长 7.83%。

全国出版物进出口经营单位累计出口构成如下:

1. 激光唱盘(CD)55 张、0.07 万美元,占数量 2.95%、金额 0.04%。
2. 数码激光唱盘(DVD-A)139 张、0.24 万美元,占数量 7.46%、金额 0.13%。
3. 高密度激光视盘(DVD-V)1648 张、4.15 万美元,占数量 88.46%、金额 2.24%。
4. 电子出版物 21 张、50.07 万美元,占数量 1.13%、金额 27.04%。
5. 数字出版物 130.66 万美元,占出口金额 70.55%。

四、音像制品、电子出版物与数字出版物进口

2021年，全国出版物进出口经营单位累计进口音像制品、电子出版物与数字出版物14.64万盒（张）、42688.27万美元。与上年相比，数量降低27.06%，金额降低1.40%。

其中：

1. 激光唱盘（CD）143599张、154.77万美元，占数量98.10%、金额0.36%。与上年相比，数量降低27.04%，金额降低28.00%。

2. 高密度激光视盘（DVD-V）2788张、5.00万美元，占数量1.90%、金额0.01%。与上年相比，数量降低28.01%，金额降低28.57%。

3. 数字出版物42528.50万美元，占进口金额99.63%。与上年相比，降低1.26%。

版权管理与出版物版权贸易

一、版权管理

（一）受理、查处案件

2021年，全国各级版权行政管理机关共检查经营单位293097家，取缔违法经营单位775家，查获地下窝点196个，行政处罚2665起，移送司法机关案件212件。

（二）收缴盗版品

2021年，全国各地方版权行政管理机关共收缴各类盗版品709.62万件，其中，查缴的盗版书刊515.41万册，盗版音像制品70.08万盒（张），盗版电子出版物10.39万张，盗版软件12.56万件，其他各类盗版品101.18万件。

（三）版权合同登记

2021年，全国版权合同登记17610份，其中，图书14752份，期刊36份，音像制品788份，电子出版物88份，软件1353份，其他593份。

（四）作品自愿登记

2021年，全国作品自愿登记4051221份[①]，其中，文字作品300727份，口述作品4924份，音乐作品50875份，曲艺444份，舞蹈279份，杂技50份，美术作品1694362份，摄影作品1591157份，建筑289份，影视261202份，设计图23834份，地图1308份，模型628份，其他121142份。

二、出版物版权贸易

（一）版权引进

2021年，全国共引进图书、音像制品和电子出版物版权12220项[②]，其中，图书12005项，录音制品63项，录像制品124项，电子出版物28项。

图书版权引进地情况如下：

美国3211项，英国2624项，德国883项，法国742项，俄罗斯97项，加拿大125项，新加坡267项，日本1990项，韩国441项，中国香港129项，中国澳门2项，中国台湾355项，其他地区

---

① 包括通过中国版权保护中心数字版权登记业务信息管理平台登记的数字作品66260份。

② 2021年，全国共引进版权12310项。

1139 项。

（二）版权输出

2021 年，全国共输出图书、音像制品和电子出版物版权 12770 项①。其中，图书 11795 项，录音制品 238 项，录像制品 23 项，电子出版物 714 项。

图书版权输出地情况如下：

美国 849 项，英国 417 项，德国 403 项，法国 165 项，俄罗斯 1000 项，加拿大 228 项，新加坡 549 项，日本 366 项，韩国 458 项，中国香港 539 项，中国澳门 58 项，中国台湾 784 项，其他地区 5979 项。

（说明：数据未涵盖中国香港、中国澳门、中国台湾地区。）

---

① 2021 年，全国共输出版权 13695 项。

一、图书出版

全国各类图书出版数量及与上年相比增减百分比

（一）种　数

	本版图书种数（种）			与上年相比增减（%）			租型图书种数（种）	与上年相比增减%
	合计	新版	重印	合计	新版	重印		
图书总计	529197	225253	303944	8.21	5.44	10.36	11892	3.77
（一）使用《中国标准书号》部分合计	528850	225074	303776	8.21	5.44	10.37	11892	3.77
A 马克思主义、列宁主义、毛泽东思想	1012	510	502	36.76	31.44	42.61		
B 哲学	9363	4261	5102	8.96	−7.55	28.06		
C 社会科学总论	5669	2887	2782	10.06	8.94	11.24	1	−66.67
D 政治、法律	18530	12526	6004	12.19	13.85	8.87	145	625.00
E 军事	1313	596	717	10.90	−5.55	29.66		
F 经济	35554	18991	16563	7.46	5.45	9.85	1	
G 文化、科学、教育、体育	219040	74750	144290	8.21	10.51	7.05	11743	2.79
H 语言、文字	18949	6688	12261	5.25	−0.58	8.73		
I 文学	54780	27962	26818	8.40	−0.43	19.46		
J 艺术	24504	13701	10803	6.96	5.35	9.08		
K 历史、地理	19569	11858	7711	11.35	3.42	26.24	2	100.00
N 自然科学总论	1034	478	556	11.30	5.75	16.56		
O 数理科学、化学	11551	2836	8715	14.20	5.31	17.42		
P 天文学、地球科学	3935	2238	1697	25.48	21.17	31.65		
Q 生物科学	4351	1815	2536	15.96	5.40	24.93		
R 医药、卫生	23008	11306	11702	3.41	−0.57	7.57		−100.00
S 农业科学	5279	3004	2275	7.38	6.04	9.22		
T 工业技术	56028	20055	35973	5.90	0.80	8.97		
U 交通运输	7034	3001	4033	16.19	9.49	21.73		
V 航空、航天	1039	509	530	20.53	11.87	30.22		
X 环境科学	3093	1806	1287	18.64	13.58	26.55		
Z 综合性图书	4215	3296	919	−5.64	−9.90	13.60		
（二）不使用《中国标准书号》部分合计	347	179	168	2.97	7.19	−1.18		
1. 图片	347	179	168	2.97	7.19	−1.18		
2. 国标(GB)、部标(BB)等标准类文件印品								
3. 活页文选、活页歌篇、小件印品等								

全国各类图书出版数量及与上年相比增减百分比（续表1）

（二）总印数

	本年图书总印数（万册、张）				与上年相比增减%	
	合计	新版	重印	租型	合计	租型
图书总计	1186381	274783	689669	221929	14.37	9.18
（一）使用《中国标准书号》部分合计	1184463	273515	689019	221929	14.88	9.18
A 马克思主义、列宁主义、毛泽东思想	2559	1562	997		34.19	
B 哲学	8175	2636	5539		6.36	
C 社会科学总论	3378	1300	2077	1	-13.30	-90.91
D 政治、法律	61340	45290	8923	7127	145.16	9798.61
E 军事	1005	397	608		2.87	
F 经济	15247	7092	8155		8.98	
G 文化、科学、教育、体育	900214	140955	544459	214800	11.96	6.18
H 语言、文字	25530	6126	19404		12.86	
I 文学	79217	29978	49239		11.21	
J 艺术	18907	8566	10341		2.78	
K 历史、地理	18331	8967	9363	1	36.90	-91.67
N 自然科学总论	1104	658	446		38.87	
O 数理科学、化学	6560	1778	4782		16.52	
P 天文学、地球科学	1823	1027	796		18.53	
Q 生物科学	3182	1343	1839		31.49	
R 医药、卫生	12039	5447	6592		-12.57	-100.00
S 农业科学	1426	636	790		-7.04	
T 工业技术	17939	6863	11076		11.84	
U 交通运输	2222	826	1396		16.76	
V 航空、航天	337	165	172		27.65	
X 环境科学	1044	453	591		-25.85	
Z 综合性图书	2884	1450	1434		12.66	
（二）不使用《中国标准书号》部分合计	1918	1268	650		-69.40	
1. 图片	283	210	73		-20.28	
2. 国标(GB)、部标(BB)等标准类文件印品	1000	578	422		-5.57	
3. 活页文选、活页歌篇、小件印品等	635	480	155		-86.92	

全国各类图书出版数量及与上年相比增减百分比（续表2）

（三）总印张

	本年图书总印张（千印张）				与上年相比增减%	
	合计	新版	重印	租型	合计	租型
图书总计	106593814	29458050	60670703	16465061	16.00	10.29
（一）使用《中国标准书号》部分合计	106512784	29407956	60639767	16465061	16.64	10.29
A 马克思主义、列宁主义、毛泽东思想	438292	288038	150254		32.29	
B 哲学	1097229	355575	741654		13.07	
C 社会科学总论	494460	184076	310353	31	-1.28	-95.29
D 政治、法律	7685646	6081822	1176787	427037	88.25	18870.99
E 军事	124641	41542	83099		3.60	
F 经济	2529910	1185900	1343924	86	7.69	
G 文化、科学、教育、体育	71442439	13041297	42363256	16037886	14.27	7.58
H 语言、文字	3234772	599571	2635201		7.17	
I 文学	7968876	2882028	5086848		15.68	
J 艺术	1684134	724422	959712		-5.22	
K 历史、地理	2390274	1274216	1116037	21	27.45	-84.67
N 自然科学总论	124238	44662	79576		22.23	
O 数理科学、化学	904744	219694	685050		18.18	
P 天文学、地球科学	190937	104875	86062		13.97	
Q 生物科学	344303	111784	232519		28.36	
R 医药、卫生	1930991	745643	1185348		0.65	-100.00
S 农业科学	176307	82888	93419		8.59	
T 工业技术	3006404	1102258	1904146		9.00	
U 交通运输	301717	114264	187453		12.62	
V 航空、航天	37024	16207	20817		8.49	
X 环境科学	118470	51737	66733		-5.99	
Z 综合性图书	286976	155457	131519		-7.44	
（二）不使用《中国标准书号》部分合计	81030	50094	30936		-85.87	
1. 图片	8025	4923	3102		49.72	
2. 国标(GB)、部标(BB)等标准类文件印品	48407	26192	22215		-12.88	
3. 活页文选、活页歌篇、小件印品等	24598	18979	5619		-95.20	

全国各类图书出版数量及与上年相比增减百分比（续表3）

（四）图书总定价

图书总计	图书总定价（万元）				
	合计	增减%	新版	重印	租型
图书总计	26161370	19.71	9889443	14483623	1788304
（一）使用《中国标准书号》部分合计	26108611	20.06	9854656	14465651	1788304
A 马克思主义、列宁主义、毛泽东思想	82544	42.04	46887	35657	
B 哲学	426539	16.13	179037	247502	
C 社会科学总论	182064	6.47	85537	96512	15
D 政治、法律	1840941	72.45	1484992	308397	47552
E 军事	44526	12.08	20913	23613	
F 经济	891932	10.41	482658	409262	12
G 文化、科学、教育、体育	14243781	18.56	3645870	8857193	1740718
H 语言、文字	1008331	15.22	263205	745126	
I 文学	2744257	19.16	1209272	1534985	
J 艺术	837327	4.68	465057	372270	
K 历史、地理	1071207	33.08	662132	409068	7
N 自然科学总论	68942	28.35	30294	38648	
O 数理科学、化学	270344	18.16	86282	184062	
P 天文学、地球科学	114333	26.14	70769	43564	
Q 生物科学	157045	33.76	71776	85269	
R 医药、卫生	672311	3.66	320427	351884	
S 农业科学	75124	8.71	47193	27931	
T 工业技术	1001386	11.60	464475	536911	
U 交通运输	112002	17.62	52401	59601	
V 航空、航天	21787	36.72	11425	10362	
X 环境科学	47161	-0.54	26925	20236	
Z 综合性图书	194727	12.49	127129	67598	
（二）不使用《中国标准书号》部分合计	52759	-50.81	34787	17972	
1. 图片	5135	60.67	3553	1582	
2. 国标(GB)、部标(BB)等标准类文件印品	36547	-6.52	22999	13548	
3. 活页文选、活页歌篇、小件印品等	11077	-82.95	8235	2842	

中央出版单位各类图书出版数量及与上年相比增减百分比

（一）种　数

	本版图书种数（种）			与上年相比增减%			租型图书种数（种）	与上年相比增减%
	合计	新版	重印	合计	新版	重印		
图书总计	216059	89335	126724	8.54	3.69	12.24	11	
（一）使用《中国标准书号》部分合计	215891	89226	126665	8.57	3.71	12.28	11	
A 马克思主义、列宁主义、毛泽东思想	586	276	310	32.58	27.19	37.78		
B 哲学	5327	2294	3033	8.43	-9.83	28.03		
C 社会科学总论	3609	1660	1949	14.25	15.44	13.25		
D 政治、法律	13419	8904	4515	10.21	11.23	8.25		
E 军事	791	367	424	12.84	-7.09	38.56		
F 经济	24989	12562	12427	7.18	5.36	9.09		
G 文化、科学、教育、体育	40708	14115	26593	8.87	6.18	10.35	11	
H 语言、文字	10315	3162	7153	6.84	1.41	9.42		
I 文学	15101	7877	7224	3.64	-4.27	13.89		
J 艺术	8585	4180	4405	12.92	10.32	15.50		
K 历史、地理	8310	4440	3870	7.54	-2.25	21.51		
N 自然科学总论	535	217	318	11.00	-3.56	23.74		
O 数理科学、化学	8195	1668	6527	16.47	3.28	20.40		
P 天文学、地球科学	2393	1353	1040	31.41	25.39	40.16		
Q 生物科学	2433	805	1628	14.06	2.81	20.59		
R 医药、卫生	14505	5985	8520	7.90	7.88	7.92		
S 农业科学	3496	1778	1718	5.36	2.07	9.01		
T 工业技术	43370	13124	30246	5.80	-2.68	9.97		
U 交通运输	5031	1942	3089	18.13	12.58	21.90		
V 航空、航天	773	390	383	26.93	25.40	28.52		
X 环境科学	2192	1163	1029	24.05	20.27	28.63		
Z 综合性图书	1228	964	264	-8.36	-9.31	-4.69		
（二）不使用《中国标准书号》部分合计	168	109	59	-19.23	-12.10	-29.76		
1. 图片	168	109	59	-19.23	-12.10	-29.76		
2. 国标(GB)、部标(BB)等标准类文件印品								
3. 活页文选、活页歌篇、小件印品等								

中央出版单位各类图书出版数量及与上年相比增减百分比（续表1）

（二）总印数

	本年图书总印数（万册、张）				与上年相比增减%	
	合计	新版	重印	租型	合计	租型
图书总计	335362	106777	228513	72	21.41	111.76
（一）使用《中国标准书号》部分合计	333611	105609	227930	72	23.51	111.76
A 马克思主义、列宁主义、毛泽东思想	2364	1483	881		30.82	
B 哲学	4714	1448	3266		0.79	
C 社会科学总论	2146	749	1397		-17.93	
D 政治、法律	48995	41674	7321		121.15	
E 军事	517	266	251		-1.15	
F 经济	11489	5134	6355		10.44	
G 文化、科学、教育、体育	176387	24118	152197	72	16.33	111.76
H 语言、文字	16718	3316	13402		22.96	
I 文学	22160	8024	14136		3.57	
J 艺术	6343	2761	3582		26.58	
K 历史、地理	9757	5276	4481		31.05	
N 自然科学总论	318	138	180		-23.00	
O 数理科学、化学	4333	1170	3163		27.14	
P 天文学、地球科学	728	429	299		11.83	
Q 生物科学	1383	497	886		29.86	
R 医药、卫生	7042	2356	4686		1.24	
S 农业科学	884	361	523		-8.49	
T 工业技术	14058	4968	9090		13.84	
U 交通运输	1600	566	1034		17.82	
V 航空、航天	166	84	82		-2.35	
X 环境科学	548	257	291		-8.21	
Z 综合性图书	961	534	427		4.34	
（二）不使用《中国标准书号》部分合计	1751	1168	583		-71.41	
1. 图片	237	185	52		-22.80	
2. 国标(GB)、部标(BB)等标准类文件印品	969	548	421		-6.38	
3. 活页文选、活页歌篇、小件印品等	545	435	110		-88.61	

中央出版单位各类图书出版数量及与上年相比增减百分比（续表2）

（三）总印张

	本年图书总印张（千印张）				与上年相比增减%	
	合计	新版	重印	租型	合计	租型
图书总计	37204703	13413006	23786695	5002	21.73	60.06
（一）使用《中国标准书号》部分合计	37137321	13372087	23760232	5002	23.80	60.06
A 马克思主义、列宁主义、毛泽东思想	405378	274339	131039		29.49	
B 哲学	656241	193813	462428		6.90	
C 社会科学总论	339307	112680	226627		-1.79	
D 政治、法律	6664577	5688423	976154		78.61	
E 军事	69253	27178	42075		9.83	
F 经济	1926525	881405	1045120		9.76	
G 文化、科学、教育、体育	14550662	2256421	12289239	5002	18.80	60.06
H 语言、文字	2230874	310531	1920343		10.65	
I 文学	2852416	796677	2055739		16.56	
J 艺术	627783	241656	386127		25.92	
K 历史、地理	1342466	761715	580751		27.48	
N 自然科学总论	74210	19177	55033		23.42	
O 数理科学、化学	696295	161672	534623		21.89	
P 天文学、地球科学	91911	49039	42872		9.70	
Q 生物科学	200194	54402	145792		27.54	
R 医药、卫生	1394359	457882	936477		6.53	
S 农业科学	122006	51393	70613		10.93	
T 工业技术	2458522	849502	1609020		10.60	
U 交通运输	225011	82409	142602		13.48	
V 航空、航天	24521	11248	13273		3.19	
X 环境科学	80617	34836	45781		8.00	
Z 综合性图书	104193	55689	48504		1.60	
（二）不使用《中国标准书号》部分合计	67382	40919	26463		-88.07	
1. 图片	3027	2501	526		19.50	
2. 国标(GB)、部标(BB)等标准类文件印品	47298	25111	22187		-13.52	
3. 活页文选、活页歌篇、小件印品等	17057	13307	3750		-96.64	

中央出版单位各类图书出版数量及与上年相比增减百分比（续表3）

（四）图书总定价

	图书总定价（万元）				
	合计	增减%	新版	重印	租型
图书总计	9719634	20.74	4376129	5343034	471
（一）使用《中国标准书号》部分合计	9673440	21.71	4345608	5327361	471
A 马克思主义、列宁主义、毛泽东思想	70959	34.89	41141	29818	
B 哲学	242992	7.53	95179	147813	
C 社会科学总论	117669	5.02	49043	68626	
D 政治、法律	1608423	67.78	1359019	249404	
E 军事	25919	9.10	13024	12895	
F 经济	670062	10.63	352151	317911	
G 文化、科学、教育、体育	2728222	15.20	655217	2072534	471
H 语言、文字	653382	16.31	149548	503834	
I 文学	841387	16.40	335836	505551	
J 艺术	295673	20.56	147807	147866	
K 历史、地理	555154	27.26	342262	212892	
N 自然科学总论	40831	18.33	11450	29381	
O 数理科学、化学	192740	27.69	60616	132124	
P 天文学、地球科学	52559	14.05	32839	19720	
Q 生物科学	80306	33.56	32236	48070	
R 医药、卫生	456069	9.49	190514	265555	
S 农业科学	49146	4.41	28735	20411	
T 工业技术	786440	12.49	341389	445051	
U 交通运输	78622	13.67	36723	41899	
V 航空、航天	12428	13.88	7241	5187	
X 环境科学	30784	4.76	17616	13168	
Z 综合性图书	83673	18.40	46022	37651	
（二）不使用《中国标准书号》部分合计	46194	-54.95	30521	15673	
1. 图片	2293	36.00	1831	462	
2. 国标(GB)、部标(BB)等标准类文件印品	35479	-7.42	21957	13522	
3. 活页文选、活页歌篇、小件印品等	8422	-86.53	6733	1689	

地方出版单位各类图书出版数量及与上年相比增减百分比

（一）种 数

	本版图书种数（种） 合计	新版	重印	与上年相比增减% 合计	新版	重印	租型图书种数（种）	与上年相比增减%
图书总计	313138	135918	177220	7.98	6.62	9.05	11881	3.77
（一）使用《中国标准书号》部分合计	312959	135848	177111	7.97	6.60	9.04	11881	3.77
A 马克思主义、列宁主义、毛泽东思想	426	234	192	42.95	36.84	51.18		
B 哲学	4036	1967	2069	9.67	-4.75	28.11		
C 社会科学总论	2060	1227	833	3.41	1.24	6.79	1	-66.67
D 政治、法律	5111	3622	1489	17.74	20.85	10.79	145	625.00
E 军事	522	229	293	8.07	-2.97	18.62		
F 经济	10565	6429	4136	8.10	5.64	12.18	1	
G 文化、科学、教育、体育	178332	60635	117697	8.06	11.57	6.33	11732	2.80
H 语言、文字	8634	3526	5108	3.41	-2.30	7.76		
I 文学	39679	20085	19594	10.33	1.15	21.65		
J 艺术	15919	9521	6398	4.00	3.31	5.06		
K 历史、地理	11259	7418	3841	14.34	7.13	31.41	2	100.00
N 自然科学总论	499	261	238	11.63	14.98	8.18		
O 数理科学、化学	3356	1168	2188	9.00	8.35	9.35		
P 天文学、地球科学	1542	885	657	17.26	15.23	20.11		
Q 生物科学	1918	1010	908	18.47	7.56	33.53		
R 医药、卫生	8503	5321	3182	-3.44	-8.62	6.67		-100.00
S 农业科学	1783	1226	557	11.58	12.37	9.86		
T 工业技术	12658	6931	5727	6.22	8.13	3.99		
U 交通运输	2003	1059	944	11.59	4.23	21.18		
V 航空、航天	266	119	147	5.14	-17.36	34.86		
X 环境科学	901	643	258	7.26	3.21	18.89		
Z 综合性图书	2987	2332	655	-4.48	-10.13	23.12		
（二）不使用《中国标准书号》部分合计	179	70	109	38.76	62.79	26.74		
1. 图片	179	70	109	38.76	62.79	26.74		
2. 国标(GB)、部标(BB)等标准类文件印品								
3. 活页文选、活页歌篇、小件印品等								

地方出版单位各类图书出版数量及与上年相比增减百分比（续表1）

（二）总印数

	本年图书总印数（万册、张）				与上年相比增减%	
	合计	新版	重印	租型	合计	租型
图书总计	851019	168006	461156	221857	11.82	9.16
（一）使用《中国标准书号》部分合计	850852	167906	461089	221857	11.82	9.16
A 马克思主义、列宁主义、毛泽东思想	195	79	116		95.00	
B 哲学	3461	1188	2273		15.02	
C 社会科学总论	1232	551	680	1	-3.83	-90.91
D 政治、法律	12345	3616	1602	7127	330.89	9798.61
E 军事	488	131	357		7.49	
F 经济	3758	1958	1800		4.77	
G 文化、科学、教育、体育	723827	116837	392262	214728	10.94	6.16
H 语言、文字	8812	2810	6002		-2.36	
I 文学	57057	21954	35103		14.50	
J 艺术	12564	5805	6759		-6.13	
K 历史、地理	8574	3691	4882	1	44.22	-91.67
N 自然科学总论	786	520	266		105.76	
O 数理科学、化学	2227	608	1619		0.23	
P 天文学、地球科学	1095	598	497		23.45	
Q 生物科学	1799	846	953		32.77	
R 医药、卫生	4997	3091	1906		-26.67	-100.00
S 农业科学	542	275	267		-4.58	
T 工业技术	3881	1895	1986		5.15	
U 交通运输	622	260	362		14.13	
V 航空、航天	171	81	90		81.91	
X 环境科学	496	196	300		-38.84	
Z 综合性图书	1923	916	1007		17.33	
（二）不使用《中国标准书号》部分合计	167	100	67		16.78	
1. 图片	46	25	21		-4.17	
2. 国标(GB)、部标(BB)等标准类文件印品	31	30	1		29.17	
3. 活页文选、活页歌篇、小件印品等	90	45	45		26.76	

地方出版单位各类图书出版数量及与上年相比增减百分比（续表2）

（三）总 印 张

	本年图书总印张（千印张）				与上年相比增减%	
	合计	新版	重印	租型	合计	租型
图书总计	69389111	16045044	36884008	16460059	13.14	10.28
（一）使用《中国标准书号》部分合计	69375463	16035869	36879535	16460059	13.14	10.28
A 马克思主义、列宁主义、毛泽东思想	32914	13699	19215		80.31	
B 哲学	440988	161762	279226		23.70	
C 社会科学总论	155153	71396	83726	31	-0.12	-95.29
D 政治、法律	1021069	393399	200633	427037	190.60	18870.99
E 军事	55388	14364	41024		-3.27	
F 经济	603385	304495	298804	86	1.58	
G 文化、科学、教育、体育	56891777	10784876	30074017	16032884	13.16	7.57
H 语言、文字	1003898	289040	714858		0.16	
I 文学	5116460	2085351	3031109		15.20	
J 艺术	1056351	482766	573585		-17.37	
K 历史、地理	1047808	512501	535286	21	27.42	-84.67
N 自然科学总论	50028	25485	24543		20.52	
O 数理科学、化学	208449	58022	150427		7.26	
P 天文学、地球科学	99026	55836	43190		18.24	
Q 生物科学	144109	57382	86727		29.50	
R 医药、卫生	536632	287761	248871		-11.97	-100.00
S 农业科学	54301	31495	22806		3.69	
T 工业技术	547882	252756	295126		2.36	
U 交通运输	76706	31855	44851		10.17	
V 航空、航天	12503	4959	7544		20.64	
X 环境科学	37853	16901	20952		-26.33	
Z 综合性图书	182783	99768	83015		-11.91	
（二）不使用《中国标准书号》部分合计	13648	9175	4473		55.37	
1. 图片	4998	2422	2576		76.80	
2. 国标(GB)、部标(BB)等标准类文件印品	1109	1081	28		27.62	
3. 活页文选、活页歌篇、小件印品等	7541	5672	1869		48.21	

地方出版单位各类图书出版数量及与上年相比增减百分比（续表3）

（四）图书总定价

	图书总定价（万元）				
	合计	增减%	新版	重印	租型
图书总计	16441736	19.12	5513314	9140589	1787833
（一）使用《中国标准书号》部分合计	16435171	19.11	5509048	9138290	1787833
A 马克思主义、列宁主义、毛泽东思想	11585	110.22	5746	5839	
B 哲学	183547	29.89	83858	99689	
C 社会科学总论	64395	9.24	36494	27886	15
D 政治、法律	232518	113.56	125973	58993	47552
E 军事	18607	16.50	7889	10718	
F 经济	221870	9.76	130507	91351	12
G 文化、科学、教育、体育	11515559	19.38	2990653	6784659	1740247
H 语言、文字	354949	13.27	113657	241292	
I 文学	1902870	20.42	873436	1029434	
J 艺术	541654	-2.34	317250	224404	
K 历史、地理	516053	39.98	319870	196176	7
N 自然科学总论	28111	46.33	18844	9267	
O 数理科学、化学	77604	-0.32	25666	51938	
P 天文学、地球科学	61774	38.64	37930	23844	
Q 生物科学	76739	33.98	39540	37199	
R 医药、卫生	216242	-6.81	129913	86329	
S 农业科学	25978	17.90	18458	7520	
T 工业技术	214946	8.46	123086	91860	
U 交通运输	33380	28.09	15678	17702	
V 航空、航天	9359	86.32	4184	5175	
X 环境科学	16377	-9.19	9309	7068	
Z 综合性图书	111054	8.41	81107	29947	
（二）不使用《中国标准书号》部分合计	6565	39.03	4266	2299	
1. 图片	2842	88.21	1722	1120	
2. 国标(GB)、部标(BB)等标准类文件印品	1068	38.70	1042	26	
3. 活页文选、活页歌篇、小件印品等	2655	8.72	1502	1153	

全国出版图书用纸量

	图书总计		书籍		课本		图片		附录	
	印张数（千印张）	合吨数（吨）	印张数（千印张）	合吨数（吨）	印张数（千印张）	合吨数（吨）	印张数（千印张）	合吨数（吨）	印张数（千印张）	合吨数（吨）
全国	106593814	2505069	72925287	1713744	33587497	789306	8025	303	73005	1716
中央	37204703	874354	25595402	601492	11541919	271235	3027	114	64355	1512
地方	69389111	1630716	47329885	1112252	22045578	518071	4998	189	8650	203

注：从1982年开始，书籍、课本、附录按每千印张0.0235吨计算，图片按每千印张0.0378吨计算。

全国出版图书用纸量与上年相比增减百分比

	图书总计		书籍		课本		图片		附录	
	印张数	吨数	印张数	吨数	印张数	吨数	印张数	吨数	印张数	吨数
全国	16.00	16.00	17.63	17.63	14.55	14.55	49.72	49.72	−87.15	−87.15
中央	21.73	21.73	23.00	23.00	25.60	25.60	19.50	19.50	−88.55	−88.55
地方	13.14	13.15	14.92	14.92	9.50	9.50	76.80	76.80	45.21	45.21

使用《中国标准书号》图书出版数量中各类图书所占百分比

	种数 合计	种数 新版	租型种数	总印数 合计	总印数 租型	总印张 合计	总印张 租型	定价总金额 合计	定价总金额 租型
使用《中国标准书号》部分合计	100.00	100.00	100.00	100.00	100.00	100.00	100.00	100.00	100.00
A 马克思主义、列宁主义、毛泽东思想	0.19	0.23		0.22		0.41		0.32	
B 哲学	1.77	1.89		0.69		1.03		1.63	
C 社会科学总论	1.07	1.28	0.01	0.29		0.46		0.70	
D 政治、法律	3.50	5.57	1.22	5.18	3.21	7.22	2.59	7.05	2.66
E 军事	0.25	0.26		0.08		0.12		0.17	
F 经济	6.72	8.44	0.01	1.29		2.38		3.42	
G 文化、科学、教育、体育	41.42	33.21	98.75	76.00	96.79	67.07	97.41	54.56	97.34
H 语言、文字	3.58	2.97		2.16		3.04		3.86	
I 文学	10.36	12.42		6.69		7.48		10.51	
J 艺术	4.63	6.09		1.60		1.58		3.21	
K 历史、地理	3.70	5.27	0.02	1.55		2.24		4.10	
N 自然科学总论	0.20	0.21		0.09		0.12		0.26	
O 数理科学、化学	2.18	1.26		0.55		0.85		1.04	
P 天文学、地球科学	0.74	0.99		0.15		0.18		0.44	
Q 生物科学	0.82	0.81		0.27		0.32		0.60	
R 医药、卫生	4.35	5.02		1.02		1.81		2.58	
S 农业科学	1.00	1.33		0.12		0.17		0.29	
T 工业技术	10.59	8.91		1.51		2.82		3.84	
U 交通运输	1.33	1.33		0.19		0.28		0.43	
V 航空、航天	0.20	0.23		0.03		0.03		0.08	
X 环境科学	0.58	0.80		0.09		0.11		0.18	
Z 综合性图书	0.80	1.46		0.24		0.27		0.75	

全国各地区图书出版总量

		图书总计										
		种数（种）		租型种数（种）	总印数（万册、张）			总印张（千印张）			定价总金额（万元）		
		合计	新版		合计	新版	租型	合计	新版	租型	合计	新版	租型
全国总计		529197	225253	11892	1186381	274783	221929	106593814	29458050	16465061	26161370	9889443	1788304
中 央		216059	89335	11	335362	106777	72	37204703	13413006	5002	9719634	4376129	471
地 方		313138	135918	11881	851019	168006	221857	69389111	16045044	16460059	16441736	5513314	1787833
北 京		14775	6242	165	40002	9373	1708	3334637	931904	142173	1234030	525626	13560
天 津		7857	3999	198	9746	2875	1404	875992	259971	106897	305484	123138	10870
河 北		10855	2928	475	38355	3684	11799	3270673	398456	1000279	691242	129259	103521
山 西		3187	1767	254	11906	3195	4210	1137586	481898	332935	186061	86206	34838
内 蒙 古		3049	1179	337	6261	478	3506	505537	61092	278529	73258	19686	28658
辽 宁		11433	5195	228	19423	4762	3752	1754804	465045	306324	460902	175867	35731
吉 林		27597	13147	736	31118	9400	4766	2832730	908493	401717	879477	348028	42655
黑 龙 江		8562	5566	444	8809	1333	3577	825021	144255	295416	185534	54352	32518
上 海		30082	12885	56	49517	14375	771	4284098	1250060	59191	1520377	606183	8779
江 苏		28273	9844	424	79015	13031	12581	6290339	1140030	941252	1425257	378262	97940
浙 江		16211	7041	397	48612	11738	10257	3752062	1055460	697879	932138	362628	77907
安 徽		10121	3558	785	32402	3975	12244	2672278	450506	931684	563547	145158	119948
福 建		4833	2353	219	15467	2416	4919	1244955	218080	354248	274204	83890	37483
江 西		10217	5246	231	29306	6982	7957	2082710	565209	632173	534036	202954	63151
山 东		15591	5170	847	58015	8715	19775	4322487	736256	1420070	871042	245265	171712
河 南		9670	4286	388	44654	6748	17217	3198090	543806	1294119	480808	136796	124999
湖 北		14910	6472	404	32154	5942	7703	2370184	554949	588074	622184	183374	66975
湖 南		11045	4293	433	50979	8618	12248	4391186	979404	820028	927872	278731	96532
广 东		11565	5692	128	50569	13540	12330	3982348	1188397	900684	783097	278895	90291
广 西		7054	2776	524	33817	4720	10235	2555538	403098	780634	442475	122764	79527
海 南		4048	1630	262	7589	1752	1999	628477	176590	129688	140804	49233	14044
重 庆		5626	1984	323	14484	1984	3992	1078973	147828	302858	227285	56645	34565
四 川		14406	7190	511	41932	8336	12415	3194106	640936	840461	734524	259063	89893
贵 州		1202	787	571	12714	956	9275	859794	65481	671225	149374	31845	80235
云 南		6169	3347	352	19661	5015	7757	1660985	478708	610522	308587	117282	57205
西 藏		541	207	276	1684	89	1120	125740	11601	78736	19851	4208	9788
陕 西		12497	4991	526	22810	3497	6213	2258728	421009	443573	602944	148588	43636
甘 肃		4562	1948	269	11445	3080	3931	866964	270129	290534	194694	77259	28875
青 海		613	281	241	1423	78	977	124851	12202	71957	17847	5437	7993
宁 夏		2384	1157	194	5276	2102	1039	578816	248679	78457	146799	62419	9622
新 疆		3873	2477	683	21372	4735	10180	2262246	772925	657742	484356	193589	74382
兵 团		330	280		502	482		66176	62587		21646	20684	

全国各地区各类图书出版数量

（一）使用《中国标准书号》部分合计

	种数（种）合计	种数（种）新版	租型种数（种）	总印数（万册、张）合计	总印数（万册、张）新版	总印数（万册、张）租型	总印张（千印张）合计	总印张（千印张）新版	总印张（千印张）租型	定价总金额（万元）合计	定价总金额（万元）新版	定价总金额（万元）租型
全国总计	528850	225074	11892	1184463	273515	221929	106512784	29407956	16465061	26108611	9854656	1788304
中央	215891	89226	11	333611	105609	72	37137321	13372087	5002	9673440	4345608	471
地方	312959	135848	11881	850852	167906	221857	69375463	16035869	16460059	16435171	5509048	1787833
北京	14775	6242	165	40002	9373	1708	3334637	931904	142173	1234030	525626	13560
天津	7857	3999	198	9746	2875	1404	875992	259971	106897	305484	123138	10870
河北	10855	2928	475	38355	3684	11799	3270673	398456	1000280	691242	129259	103521
山西	3187	1767	254	11906	3195	4210	1137586	481898	332935	186061	86206	34838
内蒙古	3049	1179	337	6261	478	3506	505537	61092	278529	73258	19686	28658
辽宁	11433	5195	228	19423	4762	3752	1754804	465045	306324	460902	175867	35731
吉林	27597	13147	736	31118	9400	4766	2832730	908493	401717	879477	348028	42655
黑龙江	8562	5566	444	8809	1333	3577	825021	144255	295416	185534	54352	32518
上海	30080	12885	56	49517	14375	771	4284054	1250060	59191	1520355	606184	8779
江苏	28198	9843	424	78929	12975	12581	6282450	1134771	941252	1422420	376365	97940
浙江	16126	6981	397	48551	11711	10257	3747702	1052779	697879	929077	360861	77907
安徽	10121	3558	785	32402	3975	12244	2672278	450506	931684	563547	145158	119948
福建	4833	2353	219	15467	2416	4919	1244950	218075	354248	274194	83880	37483
江西	10217	5246	231	29306	6982	7957	2082710	565209	632173	534036	202954	63151
山东	15591	5170	847	58015	8715	19775	4322487	736256	1420070	871042	245265	171711
河南	9670	4286	388	44654	6748	17216	3198090	543806	1294119	480808	136796	124999
湖北	14910	6472	404	32154	5942	7703	2370184	554949	588074	622184	183374	66975
湖南	11045	4293	433	50979	8618	12248	4391186	979404	820028	927872	278731	96532
广东	11565	5692	128	50567	13540	12330	3982308	1188397	900684	783089	278895	90291
广西	7053	2775	524	33817	4720	10235	2555533	403093	780634	442467	122756	79527
海南	4048	1630	262	7589	1752	1999	628477	176590	129688	140804	49233	14044
重庆	5626	1984	323	14484	1984	3992	1078973	147828	302858	227285	56645	34565
四川	14406	7190	511	41921	8325	12415	3193767	640596	840461	734208	258746	89893
贵州	1202	787	571	12714	956	9275	859794	65481	671225	149374	31845	80235
云南	6166	3346	352	19659	5013	7757	1660866	478607	610522	308549	117254	57205
西藏	541	207	276	1684	89	1120	125740	11601	78736	19851	4208	9788
陕西	12497	4991	526	22807	3494	6213	2258222	420519	443573	602704	148353	43636
甘肃	4556	1948	269	11444	3080	3931	866912	270121	290534	194670	77255	28875
青海	613	281	241	1423	78	977	124851	12202	71957	17847	5437	7993
宁夏	2384	1157	194	5276	2102	1039	578816	248679	78457	146799	62419	9622
新疆	3866	2470	683	21370	4733	10180	2261958	772638	657742	484356	193588	74382
兵团	330	280		502	482		66176	62587		21646	20684	

全国各地区各类图书出版数量（续表1）

			A 马克思主义、列宁主义、毛泽东思想									
		种数（种）		租型种数（种）	总印数（万册、张）			总印张（千印张）			定价总金额（万元）		
		合计	新版		合计	新版	租型	合计	新版	租型	合计	新版	租型
全国总计		1012	510		2559	1562		438292	288038		82544	46887	
中	央	586	276		2364	1483		405378	274339		70959	41141	
地	方	426	234		195	79		32914	13699		11585	5746	
北	京	12	9		4	1		900	133		289	132	
天	津	9	7		3	2		320	226		161	91	
河	北	5	5					85	85		24	24	
山	西	2	1		1	1		95	70		27	20	
内 蒙 古		1	1					14	14		6	6	
辽	宁	96	71		30	21		6344	4513		2557	1972	
吉	林	51	8		24	1		2424	102		877	53	
黑 龙 江		3	2					50	41		14	13	
上	海	35	21		10	5		1649	1070		962	714	
江	苏	40	21		14	6		2276	910		722	308	
浙	江	18	6		13	2		1284	313		548	161	
安	徽	3	3					19	19		6	6	
福	建	5	1		1			326	11		114	5	
江	西	6	6		2	2		305	305		113	113	
山	东	16	11		3	2		487	328		193	141	
河	南	9	5		3	1		453	178		125	61	
湖	北	10	5		9			1053	53		275	21	
湖	南	12	4		16	9		2086	546		816	350	
广	东	13	3		2			147	23		60	9	
广	西	11	9		21	13		3849	1933		1335	712	
海	南												
重	庆	17	10		12	2		2443	423		762	180	
四	川	26	12		20	8		4899	1991		1156	513	
贵	州	1						12			3		
云	南	7	7		1	1		162	162		67	67	
西	藏	1						27			6		
陕	西	12	2		3			943	16		287	4	
甘	肃	1	1					37	37		12	12	
青	海	1	1		1	1		173	173		53	53	
宁	夏												
新	疆	3	2		1			52	25		15	6	
兵	团												

全国各地区各类图书出版数量（续表2）

<table>
<tr><th rowspan="3"></th><th colspan="11">B 哲学</th></tr>
<tr><th colspan="2">种数（种）</th><th rowspan="2">租型种数（种）</th><th colspan="3">总印数（万册、张）</th><th colspan="3">总印张（千印张）</th><th colspan="3">定价总金额（万元）</th></tr>
<tr><th>合计</th><th>新版</th><th>合计</th><th>新版</th><th>租型</th><th>合计</th><th>新版</th><th>租型</th><th>合计</th><th>新版</th><th>租型</th></tr>
<tr><td>全国总计</td><td>9363</td><td>4261</td><td></td><td>8175</td><td>2636</td><td></td><td>1097229</td><td>355575</td><td></td><td>426539</td><td>179037</td><td></td></tr>
<tr><td>中央</td><td>5327</td><td>2294</td><td></td><td>4714</td><td>1448</td><td></td><td>656241</td><td>193813</td><td></td><td>242992</td><td>95179</td><td></td></tr>
<tr><td>地方</td><td>4036</td><td>1967</td><td></td><td>3461</td><td>1188</td><td></td><td>440988</td><td>161762</td><td></td><td>183547</td><td>83858</td><td></td></tr>
<tr><td>北京</td><td>341</td><td>175</td><td></td><td>519</td><td>239</td><td></td><td>75146</td><td>34494</td><td></td><td>36144</td><td>22591</td><td></td></tr>
<tr><td>天津</td><td>139</td><td>84</td><td></td><td>358</td><td>81</td><td></td><td>29316</td><td>6720</td><td></td><td>14115</td><td>3302</td><td></td></tr>
<tr><td>河北</td><td>24</td><td>24</td><td></td><td>6</td><td>6</td><td></td><td>815</td><td>815</td><td></td><td>342</td><td>342</td><td></td></tr>
<tr><td>山西</td><td>26</td><td>15</td><td></td><td>11</td><td>5</td><td></td><td>1616</td><td>836</td><td></td><td>654</td><td>278</td><td></td></tr>
<tr><td>内蒙古</td><td>27</td><td>15</td><td></td><td>10</td><td>5</td><td></td><td>1518</td><td>674</td><td></td><td>440</td><td>245</td><td></td></tr>
<tr><td>辽宁</td><td>82</td><td>49</td><td></td><td>47</td><td>26</td><td></td><td>7847</td><td>2661</td><td></td><td>2882</td><td>1837</td><td></td></tr>
<tr><td>吉林</td><td>357</td><td>79</td><td></td><td>349</td><td>21</td><td></td><td>35584</td><td>2887</td><td></td><td>13477</td><td>1508</td><td></td></tr>
<tr><td>黑龙江</td><td>54</td><td>39</td><td></td><td>20</td><td>10</td><td></td><td>2128</td><td>902</td><td></td><td>1190</td><td>474</td><td></td></tr>
<tr><td>上海</td><td>933</td><td>410</td><td></td><td>399</td><td>161</td><td></td><td>62660</td><td>25827</td><td></td><td>23927</td><td>11942</td><td></td></tr>
<tr><td>江苏</td><td>374</td><td>168</td><td></td><td>281</td><td>97</td><td></td><td>38038</td><td>14172</td><td></td><td>14567</td><td>6765</td><td></td></tr>
<tr><td>浙江</td><td>147</td><td>59</td><td></td><td>141</td><td>32</td><td></td><td>19139</td><td>3802</td><td></td><td>7901</td><td>2113</td><td></td></tr>
<tr><td>安徽</td><td>45</td><td>31</td><td></td><td>12</td><td>9</td><td></td><td>2064</td><td>1583</td><td></td><td>716</td><td>596</td><td></td></tr>
<tr><td>福建</td><td>50</td><td>27</td><td></td><td>38</td><td>13</td><td></td><td>5026</td><td>1828</td><td></td><td>1299</td><td>678</td><td></td></tr>
<tr><td>江西</td><td>69</td><td>38</td><td></td><td>105</td><td>15</td><td></td><td>10944</td><td>2241</td><td></td><td>4442</td><td>1102</td><td></td></tr>
<tr><td>山东</td><td>98</td><td>61</td><td></td><td>41</td><td>20</td><td></td><td>5284</td><td>2879</td><td></td><td>2045</td><td>1261</td><td></td></tr>
<tr><td>河南</td><td>130</td><td>52</td><td></td><td>73</td><td>13</td><td></td><td>9094</td><td>2833</td><td></td><td>3397</td><td>1707</td><td></td></tr>
<tr><td>湖北</td><td>158</td><td>97</td><td></td><td>67</td><td>33</td><td></td><td>8241</td><td>4501</td><td></td><td>2841</td><td>1779</td><td></td></tr>
<tr><td>湖南</td><td>129</td><td>70</td><td></td><td>254</td><td>98</td><td></td><td>30276</td><td>11069</td><td></td><td>11429</td><td>5294</td><td></td></tr>
<tr><td>广东</td><td>134</td><td>80</td><td></td><td>89</td><td>63</td><td></td><td>11125</td><td>6852</td><td></td><td>4549</td><td>3168</td><td></td></tr>
<tr><td>广西</td><td>106</td><td>63</td><td></td><td>125</td><td>69</td><td></td><td>11108</td><td>6806</td><td></td><td>5067</td><td>2997</td><td></td></tr>
<tr><td>海南</td><td>35</td><td>11</td><td></td><td>61</td><td>10</td><td></td><td>7441</td><td>1158</td><td></td><td>2824</td><td>779</td><td></td></tr>
<tr><td>重庆</td><td>78</td><td>45</td><td></td><td>26</td><td>11</td><td></td><td>7307</td><td>2090</td><td></td><td>2342</td><td>1182</td><td></td></tr>
<tr><td>四川</td><td>251</td><td>144</td><td></td><td>304</td><td>104</td><td></td><td>42865</td><td>16748</td><td></td><td>18682</td><td>7882</td><td></td></tr>
<tr><td>贵州</td><td>31</td><td>26</td><td></td><td>11</td><td>6</td><td></td><td>1554</td><td>1272</td><td></td><td>789</td><td>617</td><td></td></tr>
<tr><td>云南</td><td>24</td><td>21</td><td></td><td>9</td><td>8</td><td></td><td>1192</td><td>1136</td><td></td><td>742</td><td>725</td><td></td></tr>
<tr><td>西藏</td><td>45</td><td>7</td><td></td><td>15</td><td>2</td><td></td><td>2940</td><td>524</td><td></td><td>598</td><td>170</td><td></td></tr>
<tr><td>陕西</td><td>83</td><td>44</td><td></td><td>39</td><td>11</td><td></td><td>5898</td><td>2048</td><td></td><td>3999</td><td>1075</td><td></td></tr>
<tr><td>甘肃</td><td>17</td><td>7</td><td></td><td>5</td><td>4</td><td></td><td>1063</td><td>934</td><td></td><td>991</td><td>946</td><td></td></tr>
<tr><td>青海</td><td>24</td><td>9</td><td></td><td>8</td><td>3</td><td></td><td>1159</td><td>553</td><td></td><td>383</td><td>189</td><td></td></tr>
<tr><td>宁夏</td><td>1</td><td>1</td><td></td><td></td><td></td><td></td><td>27</td><td>27</td><td></td><td>6</td><td>6</td><td></td></tr>
<tr><td>新疆</td><td>24</td><td>16</td><td></td><td>37</td><td>12</td><td></td><td>2572</td><td>889</td><td></td><td>768</td><td>308</td><td></td></tr>
<tr><td>兵团</td><td></td><td></td><td></td><td></td><td></td><td></td><td></td><td></td><td></td><td></td><td></td><td></td></tr>
</table>

全国各地区各类图书出版数量（续表3）

	种数（种） 合计	种数（种） 新版	租型种数（种）	总印数（万册、张） 合计	总印数（万册、张） 新版	总印数（万册、张） 租型	总印张（千印张） 合计	总印张（千印张） 新版	总印张（千印张） 租型	定价总金额（万元） 合计	定价总金额（万元） 新版	定价总金额（万元） 租型
					C 社会科学总论							
全国总计	5669	2887	1	3378	1300	1	494460	184076	31	182064	85537	15
中　央	3609	1660		2146	749		339307	112680		117669	49043	
地　方	2060	1227	1	1232	551	1	155153	71396	31	64395	36494	15
北　京	121	68		118	79		13125	7778		6962	5205	
天　津	56	33		34	16		4363	1765		1716	870	
河　北	26	23		6	5		823	734		394	355	
山　西	8	7		1	1		254	208		131	114	
内蒙古	12	12		1	1		234	234		166	166	
辽　宁	113	53		36	16		5721	2498		1931	1137	
吉　林	105	73	1	111	27	1	11757	3111	31	4703	1644	15
黑龙江	29	24		5	4		676	488		239	200	
上　海	368	196		179	86		27199	11960		10600	5719	
江　苏	137	69		101	44		12263	5411		6126	3960	
浙　江	269	166		139	91		20079	12865		9069	6416	
安　徽	19	10		6	2		1177	279		375	83	
福　建	26	18		6	4		1127	646		382	273	
江　西	28	15		44	3		4320	461		1715	191	
山　东	64	40		78	12		9305	1538		3010	536	
河　南	24	17		11	9		1156	894		479	394	
湖　北	113	76		51	20		6163	3335		2017	1151	
湖　南	77	44		103	45		10085	4564		4387	2383	
广　东	85	52		25	16		3602	2300		1626	1279	
广　西	45	28		36	14		3057	1774		1605	835	
海　南	9	3		18			2021	89		561	16	
重　庆	71	25		20	8		3832	1723		1390	770	
四　川	109	61		64	21		7208	2692		2795	1262	
贵　州	8	8		1	1		260	260		90	90	
云　南	36	33		12	8		1311	938		504	395	
西　藏	4	1					108	15		18	4	
陕　西	65	40		12	7		1808	866		653	341	
甘　肃	18	18		8	8		1420	1420		459	459	
青　海	6	6		2	2		405	405		169	169	
宁　夏	1	1					21	21		6	6	
新　疆	4	3		2	1		191	42		82	37	
兵　团	4	4		1	1		81	81		35	35	

全国各地区各类图书出版数量（续表4）

	种数（种）合计	种数（种）新版	租型种数（种）	总印数（万册、张）合计	总印数（万册、张）新版	总印数（万册、张）租型	总印张（千印张）合计	总印张（千印张）新版	总印张（千印张）租型	定价总金额（万元）合计	定价总金额（万元）新版	定价总金额（万元）租型
全国总计	18530	12526	145	61340	45290	7127	7685646	6081822	427037	1840941	1484992	47552
中　央	13419	8904		48995	41674		6664577	5688423		1608423	1359019	
地　方	5111	3622	145	12345	3616	7127	1021069	393399	427037	232518	125973	47552
北　京	183	134	4	265	151	60	37565	27415	3428	15896	13742	340
天　津	115	88	4	86	22	48	8321	3133	2884	2774	1666	285
河　北	58	55	4	459	17	441	29621	3088	26466	3784	1115	2653
山　西	64	59	4	217	47	167	14728	4040	10265	2953	1754	1073
内蒙古	50	33	4	104	5	92	6960	1056	5513	1188	476	565
辽　宁	155	85	4	195	30	136	19733	5083	9475	3859	1704	863
吉　林	285	167	4	148	22	81	13520	3472	5874	3586	1458	514
黑龙江	146	132	4	108	16	90	8338	2420	5525	1523	829	591
上　海	917	618	4	642	370	61	88301	43313	3572	33307	17618	363
江　苏	425	274	4	719	275	343	65140	31250	19970	17150	10756	2077
浙　江	235	170	15	602	267	285	49486	25237	17049	14043	9737	2313
安　徽	87	48	4	354	11	309	22683	1691	18596	5137	590	3919
福　建	131	95	6	320	54	251	21733	4717	15000	4847	2159	2104
江　西	90	69	4	530	101	259	43316	13487	15537	8813	3454	1608
山　东	216	160	9	759	92	547	69366	19485	32631	14794	6103	4084
河　南	126	89	5	722	44	663	45983	6135	38111	6651	2215	3855
湖　北	310	219	4	362	74	240	32571	11139	14355	8100	4958	1472
湖　南	151	104	4	1016	623	355	63190	36763	21582	17268	13421	2319
广　东	285	211	4	1056	121	636	80573	20461	37023	15692	6501	3766
广　西	150	116	4	643	281	317	58192	32166	20087	11263	7487	1839
海　南	24	22	4	61	9	51	4331	1342	2954	771	469	295
重　庆	68	50	4	202	42	148	16058	5038	9154	3253	1909	864
四　川	335	225	5	711	122	501	71021	23334	30203	14445	6336	3741
贵　州	19	13	4	261	6	251	16277	890	14921	1956	308	1402
云　南	183	161	4	322	46	241	27254	8162	14339	6477	3596	1359
西　藏	19	14	4	45	10	24	3399	842	1420	777	356	187
陕　西	170	129	4	572	336	171	42162	26360	9899	6561	3696	942
甘　肃	22	20	4	126	3	123	7814	499	7293	863	166	692
青　海	12	12	4	33	3	31	2320	506	1814	487	301	186
宁　夏	13	10	4	59	2	39	4619	348	2341	732	146	258
新　疆	62	35	5	644	413	167	46357	30390	9756	3527	906	1023
兵　团	5	5		1	1		138	138		41	41	

全国各地区各类图书出版数量（续表5）

		种数（种）		租型种数（种）	总印数（万册、张）			总印张（千印张）			定价总金额（万元）		
		合计	新版		合计	新版	租型	合计	新版	租型	合计	新版	租型
全国总计		1313	596		1005	397		124641	41542		44526	20913	
中　央		791	367		517	266		69253	27178		25919	13024	
地　方		522	229		488	131		55388	14364		18607	7889	
北　京		23	12		83	36		6351	1641		3136	1815	
天　津		7	1		8	6		459	270		402	316	
河　北		3	2		2			144	18		40	8	
山　西		3	1		1			113	13		34	7	
内 蒙 古		1	1					19	19		12	12	
辽　宁		37	27		16	12		2317	1784		1271	1118	
吉　林		50	8		28	4		2709	458		1182	209	
黑 龙 江		35	15		8	1		943	224		408	177	
上　海		59	30		29	10		4622	1608		1582	820	
江　苏		28	11		73	11		8839	1457		2254	609	
浙　江		24	7		43	4		3598	551		1200	184	
安　徽		10	6		24	2		1889	298		319	94	
福　建		7			13			3088			509		
江　西		8	3		4			513	34		102	12	
山　东		21	11		7	3		878	417		347	193	
河　南		14	7		15	1		1390	151		337	96	
湖　北		42	19		15	5		2184	920		842	442	
湖　南		21	7		21	5		3182	807		1029	402	
广　东		21	11		12	6		2211	1027		597	329	
广　西		11	6		12	6		1517	893		606	443	
海　南		4	3					79	68		37	31	
重　庆		6	2		3	1		375	94		118	44	
四　川		38	12		35	7		4087	632		1145	237	
贵　州		5	3		10			496	50		246	23	
云　南		3	2		8	7		310	290		16	3	
西　藏		1	1					63	63		20	20	
陕　西		38	20		18	4		2925	542		767	208	
甘　肃		1	1					36	36		38	38	
青　海													
宁　夏													
新　疆													
兵　团		1						52			12		

全国各地区各类图书出版数量（续表6）

| | \multicolumn{11}{c}{F 经济} |
| | \multicolumn{2}{c}{种数（种）} | 租型种数（种） | \multicolumn{3}{c}{总印数（万册、张）} | \multicolumn{3}{c}{总印张（千印张）} | \multicolumn{3}{c}{定价总金额（万元）} |
	合计	新版		合计	新版	租型	合计	新版	租型	合计	新版	租型
全国总计	35554	18991	1	15247	7092		2529910	1185900	86	891932	482658	12
中央	24989	12562		11489	5134		1926525	881405		670062	352151	
地方	10565	6429	1	3758	1958		603385	304495	86	221870	130507	12
北京	660	339		406	287		52080	35779		21376	16389	
天津	294	216		98	47		13461	6560		5547	2983	
河北	58	57		6	6		1315	1273		754	739	
山西	108	86		30	16		5047	2638		2710	1590	
内蒙古	32	32		6	6		996	996		488	488	
辽宁	1057	321		369	76		66371	11726		16877	4558	
吉林	585	517		129	104		15741	12962		6653	5779	
黑龙江	306	252		24	17		3543	2377		1358	951	
上海	2275	1219	1	950	450		184959	83435	86	59717	31976	12
江苏	734	404		183	90		27827	14529		9812	5969	
浙江	352	219		200	79		30071	9933		15312	5171	
安徽	154	96		36	17		5190	2736		1698	1038	
福建	150	106		42	23		8870	4055		4540	1691	
江西	119	97		76	32		9233	5308		4606	3034	
山东	195	126		65	46		10548	7654		3659	2923	
河南	238	165		70	44		10876	7597		4921	3964	
湖北	507	317		83	43		13501	6763		4836	2891	
湖南	257	166		127	98		22016	16865		8028	6652	
广东	512	312		283	146		36805	20436		16620	10721	
广西	137	89		66	45		8491	5722		4156	2764	
海南	61	33		71	12		8770	1466		3522	746	
重庆	236	96		52	18		8922	3083		2781	1275	
四川	826	562		254	146		35983	21840		12965	8389	
贵州	41	37		9	8		1663	1586		788	764	
云南	163	158		28	27		4424	4377		1998	1983	
西藏	5	5		1	1		174	174		51	51	
陕西	373	279		62	44		10787	7403		3618	2665	
甘肃	49	49		13	13		2083	2083		715	715	
青海	11	11		6	6		1200	1200		427	427	
宁夏	25	25		4	4		660	660		306	306	
新疆	24	18		7	4		1327	855		564	459	
兵团	21	20		3	2		450	425		466	457	

全国各地区各类图书出版数量（续表7）

		种数（种） 合计	种数（种） 新版	租型种数（种）	总印数（万册、张） 合计	总印数（万册、张） 新版	总印数（万册、张） 租型	总印张（千印张） 合计	总印张（千印张） 新版	总印张（千印张） 租型	定价总金额（万元） 合计	定价总金额（万元） 新版	定价总金额（万元） 租型
全国总计		219040	74750	11743	900214	140955	214800	71442439	13041297	16037886	14243781	3645870	1740718
中	央	40708	14115	11	176387	24118	72	14550662	2256421	5002	2728222	655217	471
地	方	178332	60635	11732	723827	116837	214728	56891777	10784876	16032884	11515559	2990653	1740247
北	京	7161	2279	161	26408	3934	1648	1950967	356187	138745	632813	188483	13220
天	津	3731	1501	194	6332	1592	1357	559131	144963	104013	171748	63983	10585
河	北	8810	1694	471	35729	3109	11357	3094032	323188	973814	609698	95606	100868
山	西	1929	869	250	11240	2886	4044	1055668	437648	322670	153019	63276	33766
内 蒙 古		1825	284	333	5869	286	3414	453997	28629	273016	54358	4952	28092
辽	宁	5358	2127	224	16057	3327	3616	1376659	314530	296850	319731	96282	34868
吉	林	18869	8196	730	25131	6820	4684	2354875	743683	395799	690821	265078	42122
黑 龙 江		4139	2287	440	7835	855	3487	715882	84934	289891	141114	26758	31927
上	海	11395	3976	51	34995	7916	710	2524913	588128	55533	814666	283050	8404
江	苏	17401	4330	420	70445	9540	12239	5295257	708056	921282	1053096	183944	95863
浙	江	8563	2938	382	40938	8524	9972	2990286	747621	680830	618118	204105	75594
安	徽	6694	1858	781	29129	2895	11936	2385173	340660	913088	453123	94416	116029
福	建	2599	910	213	13439	1448	4669	1065824	133875	339247	192697	36499	35379
江	西	6578	3242	227	22237	4523	7698	1618038	395470	616636	345327	120013	61543
山	东	10913	2575	838	52002	6514	19226	3823326	534189	1387440	644329	130054	167627
河	南	5758	1843	383	41719	5838	16554	2943561	427563	1256009	380052	76546	121144
湖	北	7652	2580	400	26003	3838	7464	1772160	334261	573719	423598	94872	65504
湖	南	6272	1725	429	43926	5222	11893	3546963	595401	798446	658216	133175	94213
广	东	6446	2427	124	45380	11221	11693	3430059	901813	863661	579884	151193	86525
广	西	3286	861	520	29680	3225	9918	2221646	248019	760547	289173	44274	77688
海	南	3086	1123	258	6355	1353	1948	479403	129122	126733	91238	31329	13749
重	庆	2761	683	319	13087	1445	3844	904284	74979	293704	161539	21936	33701
四	川	6372	2855	506	32362	4748	11914	2382766	324747	810259	424155	115824	86151
贵	州	453	247	567	10617	451	9025	771022	36887	656304	103626	10959	78832
云	南	3754	1468	348	17877	4261	7515	1496965	396071	596183	237753	71410	55846
西	藏	227	63	272	1533	44	1096	108268	5315	77316	14777	1454	9601
陕	西	8104	2200	522	20794	2492	6042	2031286	297658	433674	500785	95122	42694
甘	肃	3106	976	265	10421	2539	3808	755126	193511	283241	142046	41256	28184
青	海	301	21	237	1303	6	946	109634	673	70142	11814	245	7807
宁	夏	1960	806	190	4586	1649	1000	470290	171844	76115	124705	46535	9364
新	疆	2647	1527	677	19985	3928	10012	2146394	707452	647976	460476	181019	73356
兵	团	182	164		413	408		57922	57799		17063	17005	

全国各地区各类图书出版数量（续表8）

	种数（种）合计	种数（种）新版	租型种数（种）	总印数（万册、张）合计	总印数（万册、张）新版	总印数（万册、张）租型	总印张（千印张）合计	总印张（千印张）新版	总印张（千印张）租型	定价总金额（万元）合计	定价总金额（万元）新版	定价总金额（万元）租型
全国总计	18949	6688		25530	6126		3234772	599571		1008331	263205	
中　央	10315	3162		16718	3316		2230874	310531		653382	149548	
地　方	8634	3526		8812	2810		1003898	289040		354949	113657	
北　京	359	126		687	191		65298	18188		23153	8500	
天　津	167	89		60	30		6094	2513		2445	1390	
河　北	60	22		376	5		6214	360		4065	166	
山　西	29	20		17	2		4343	273		1257	126	
内蒙古	57	26		20	4		4159	871		1007	454	
辽　宁	476	201		246	104		27203	9775		10041	4841	
吉　林	753	517		426	219		36926	17206		14731	7712	
黑龙江	231	167		39	12		5354	1781		1771	619	
上　海	2751	821		3559	854		497623	108665		183130	40529	
江　苏	786	256		563	143		66802	19917		22758	7275	
浙　江	505	160		908	514		69844	34801		21234	10000	
安　徽	81	29		26	7		3480	1277		1214	604	
福　建	96	43		52	13		4552	2044		2580	846	
江　西	153	42		276	98		12984	3272		4115	1376	
山　东	154	62		122	40		12699	3840		4318	1533	
河　南	112	49		53	23		6886	2334		1790	941	
湖　北	297	113		146	28		22137	5304		5667	1983	
湖　南	174	60		267	48		41425	6251		8715	2116	
广　东	274	135		218	131		24071	11831		9123	5944	
广　西	89	45		53	23		9584	5521		4309	3150	
海　南	14	12		12	2		2553	221		466	97	
重　庆	141	51		43	20		5956	2544		1949	971	
四　川	381	182		368	181		37648	18330		13729	7423	
贵　州	23	21		50	37		3600	2158		1647	1317	
云　南	74	44		36	13		4212	1881		1652	805	
西　藏	21	10		13	5		2026	534		310	96	
陕　西	272	147		94	33		12308	4074		5555	1783	
甘　肃	27	18		6	3		1141	837		369	257	
青　海	8	4		2	1		234	127		74	34	
宁　夏	14	13		10	9		405	349		269	225	
新　疆	55	41		63	16		6138	1962		1505	543	
兵　团												

全国各地区各类图书出版数量（续表9）

		\multicolumn{11}{c	}{I 文学}
		\multicolumn{2}{c	}{种数（种）}	租型种数（种）	\multicolumn{3}{c	}{总印数（万册、张）}	\multicolumn{3}{c	}{总印张（千印张）}	\multicolumn{3}{c	}{定价总金额（万元）}
		合计	新版		合计	新版	租型	合计	新版	租型	合计	新版	租型
全国总计		54780	27962		79217	29978		7968876	2882028		2744257	1209272	
中 央		15101	7877		22160	8024		2852416	796677		841387	335836	
地 方		39679	20085		57057	21954		5116460	2085351		1902870	873436	
北 京		3140	1434		7973	2771		714954	263952		271605	124148	
天 津		1177	563		1647	443		147261	38545		56364	17724	
河 北		914	410		1229	287		71384	25890		45867	12226	
山 西		435	320		180	120		21782	15043		8022	5811	
内 蒙 古		530	355		159	104		19408	14158		6088	4605	
辽 宁		1476	744		1605	675		124126	45697		44092	22600	
吉 林		2063	719		1636	631		149953	43955		49256	17784	
黑 龙 江		674	401		355	165		32472	13272		13138	6380	
上 海		3160	1584		3117	1516		323053	130017		135734	68071	
江 苏		3255	1744		4019	1733		456840	205660		153038	79747	
浙 江		2317	1175		3087	1051		315688	103767		114387	45286	
安 徽		1558	606		1924	688		165801	65194		57456	25305	
福 建		697	395		980	564		69598	33008		31264	18253	
江 西		1951	941		3683	1346		190076	82482		86501	38248	
山 东		2020	981		3333	1354		249600	100760		110940	51579	
河 南		718	410		1116	306		68361	28709		29781	12285	
湖 北		1821	845		3185	636		288407	64461		89099	22254	
湖 南		1345	649		2984	1453		405439	199081		114815	62049	
广 东		1450	894		2457	1349		281347	158317		96410	58375	
广 西		1737	727		2237	649		141932	54024		68643	29106	
海 南		503	219		530	280		69346	32462		20266	10591	
重 庆		431	311		303	204		37902	24704		15757	10987	
四 川		2466	1178		4956	1731		371727	120069		136012	52126	
贵 州		279	167		1076	127		40528	8674		23558	5612	
云 南		793	462		1024	391		86888	36081		32879	15839	
西 藏		117	54		35	12		3621	1552		1061	541	
陕 西		764	466		458	220		52467	26136		23006	12096	
甘 肃		730	397		675	393		70939	51229		33102	19597	
青 海		119	98		38	30		4734	3918		1710	1417	
宁 夏		188	128		559	386		95355	68816		17541	12370	
新 疆		768	652		416	272		38502	22009		11911	7702	
兵 团		83	56		82	67		6968	3708		3567	2722	

全国各地区各类图书出版数量（续表10）

<table>
<tr><th rowspan="3"></th><th colspan="11">J 艺术</th></tr>
<tr><th colspan="2">种数（种）</th><th rowspan="2">租型
种数
（种）</th><th colspan="3">总印数（万册、张）</th><th colspan="3">总印张（千印张）</th><th colspan="3">定价总金额（万元）</th></tr>
<tr><th>合计</th><th>新版</th><th>合计</th><th>新版</th><th>租型</th><th>合计</th><th>新版</th><th>租型</th><th>合计</th><th>新版</th><th>租型</th></tr>
<tr><td>全国总计</td><td>24504</td><td>13701</td><td></td><td>18907</td><td>8566</td><td></td><td>1684134</td><td>724422</td><td></td><td>837327</td><td>465057</td><td></td></tr>
<tr><td>中 央</td><td>8585</td><td>4180</td><td></td><td>6343</td><td>2761</td><td></td><td>627783</td><td>241656</td><td></td><td>295673</td><td>147807</td><td></td></tr>
<tr><td>地 方</td><td>15919</td><td>9521</td><td></td><td>12564</td><td>5805</td><td></td><td>1056351</td><td>482766</td><td></td><td>541654</td><td>317250</td><td></td></tr>
<tr><td>北 京</td><td>670</td><td>468</td><td></td><td>655</td><td>477</td><td></td><td>72229</td><td>46438</td><td></td><td>45773</td><td>34449</td><td></td></tr>
<tr><td>天 津</td><td>422</td><td>312</td><td></td><td>366</td><td>305</td><td></td><td>22323</td><td>17014</td><td></td><td>13858</td><td>11128</td><td></td></tr>
<tr><td>河 北</td><td>470</td><td>290</td><td></td><td>420</td><td>164</td><td></td><td>49160</td><td>29299</td><td></td><td>16858</td><td>10489</td><td></td></tr>
<tr><td>山 西</td><td>93</td><td>79</td><td></td><td>49</td><td>41</td><td></td><td>8603</td><td>7295</td><td></td><td>5630</td><td>4925</td><td></td></tr>
<tr><td>内 蒙 古</td><td>69</td><td>44</td><td></td><td>15</td><td>6</td><td></td><td>1489</td><td>1063</td><td></td><td>1380</td><td>1270</td><td></td></tr>
<tr><td>辽 宁</td><td>459</td><td>296</td><td></td><td>215</td><td>170</td><td></td><td>24217</td><td>18474</td><td></td><td>14134</td><td>11425</td><td></td></tr>
<tr><td>吉 林</td><td>1271</td><td>1011</td><td></td><td>1655</td><td>1042</td><td></td><td>69771</td><td>31996</td><td></td><td>36689</td><td>22602</td><td></td></tr>
<tr><td>黑 龙 江</td><td>579</td><td>514</td><td></td><td>71</td><td>55</td><td></td><td>8771</td><td>7498</td><td></td><td>4983</td><td>4295</td><td></td></tr>
<tr><td>上 海</td><td>2842</td><td>1196</td><td></td><td>2279</td><td>692</td><td></td><td>196309</td><td>57402</td><td></td><td>94380</td><td>38364</td><td></td></tr>
<tr><td>江 苏</td><td>957</td><td>470</td><td></td><td>446</td><td>194</td><td></td><td>47068</td><td>20501</td><td></td><td>28630</td><td>17204</td><td></td></tr>
<tr><td>浙 江</td><td>1874</td><td>1072</td><td></td><td>1064</td><td>542</td><td></td><td>90716</td><td>48655</td><td></td><td>58640</td><td>40233</td><td></td></tr>
<tr><td>安 徽</td><td>460</td><td>275</td><td></td><td>439</td><td>131</td><td></td><td>36743</td><td>12229</td><td></td><td>15449</td><td>6994</td><td></td></tr>
<tr><td>福 建</td><td>210</td><td>153</td><td></td><td>100</td><td>59</td><td></td><td>8640</td><td>6189</td><td></td><td>7004</td><td>4991</td><td></td></tr>
<tr><td>江 西</td><td>375</td><td>234</td><td></td><td>1325</td><td>250</td><td></td><td>113570</td><td>25542</td><td></td><td>42683</td><td>13069</td><td></td></tr>
<tr><td>山 东</td><td>311</td><td>203</td><td></td><td>147</td><td>64</td><td></td><td>17875</td><td>7518</td><td></td><td>9950</td><td>6030</td><td></td></tr>
<tr><td>河 南</td><td>500</td><td>278</td><td></td><td>268</td><td>106</td><td></td><td>18660</td><td>9311</td><td></td><td>9511</td><td>6092</td><td></td></tr>
<tr><td>湖 北</td><td>625</td><td>341</td><td></td><td>318</td><td>142</td><td></td><td>28893</td><td>13706</td><td></td><td>15317</td><td>8160</td><td></td></tr>
<tr><td>湖 南</td><td>987</td><td>503</td><td></td><td>799</td><td>413</td><td></td><td>85941</td><td>38173</td><td></td><td>34350</td><td>19476</td><td></td></tr>
<tr><td>广 东</td><td>557</td><td>423</td><td></td><td>215</td><td>149</td><td></td><td>24439</td><td>18158</td><td></td><td>15484</td><td>13034</td><td></td></tr>
<tr><td>广 西</td><td>363</td><td>219</td><td></td><td>179</td><td>92</td><td></td><td>21628</td><td>11158</td><td></td><td>12169</td><td>7772</td><td></td></tr>
<tr><td>海 南</td><td>63</td><td>42</td><td></td><td>37</td><td>12</td><td></td><td>2316</td><td>1338</td><td></td><td>1130</td><td>707</td><td></td></tr>
<tr><td>重 庆</td><td>573</td><td>237</td><td></td><td>213</td><td>86</td><td></td><td>29020</td><td>13101</td><td></td><td>13670</td><td>7499</td><td></td></tr>
<tr><td>四 川</td><td>594</td><td>364</td><td></td><td>1018</td><td>415</td><td></td><td>56556</td><td>25222</td><td></td><td>28479</td><td>14721</td><td></td></tr>
<tr><td>贵 州</td><td>25</td><td>22</td><td></td><td>33</td><td>21</td><td></td><td>2211</td><td>1523</td><td></td><td>1520</td><td>1178</td><td></td></tr>
<tr><td>云 南</td><td>160</td><td>151</td><td></td><td>132</td><td>108</td><td></td><td>7808</td><td>5633</td><td></td><td>5463</td><td>4311</td><td></td></tr>
<tr><td>西 藏</td><td>21</td><td>7</td><td></td><td>16</td><td>5</td><td></td><td>977</td><td>483</td><td></td><td>471</td><td>263</td><td></td></tr>
<tr><td>陕 西</td><td>221</td><td>176</td><td></td><td>42</td><td>33</td><td></td><td>4694</td><td>3645</td><td></td><td>4107</td><td>3516</td><td></td></tr>
<tr><td>甘 肃</td><td>88</td><td>68</td><td></td><td>26</td><td>13</td><td></td><td>3632</td><td>2325</td><td></td><td>2633</td><td>1903</td><td></td></tr>
<tr><td>青 海</td><td>15</td><td>13</td><td></td><td>6</td><td>5</td><td></td><td>658</td><td>600</td><td></td><td>464</td><td>448</td><td></td></tr>
<tr><td>宁 夏</td><td>52</td><td>51</td><td></td><td>12</td><td>12</td><td></td><td>1166</td><td>1107</td><td></td><td>596</td><td>582</td><td></td></tr>
<tr><td>新 疆</td><td>10</td><td>7</td><td></td><td>3</td><td>2</td><td></td><td>195</td><td>134</td><td></td><td>216</td><td>102</td><td></td></tr>
<tr><td>兵 团</td><td>3</td><td>2</td><td></td><td>1</td><td></td><td></td><td>72</td><td>37</td><td></td><td>33</td><td>19</td><td></td></tr>
</table>

全国各地区各类图书出版数量（续表11）

		种数（种）		租型种数（种）	总印数（万册、张）			总印张（千印张）			定价总金额（万元）		
		合计	新版		合计	新版	租型	合计	新版	租型	合计	新版	租型
全国总计		19569	11858	2	18331	8967	1	2390274	1274216	21	1071207	662132	7
中 央		8310	4440		9757	5276		1342466	761715		555154	342262	
地 方		11259	7418	2	8574	3691	1	1047808	512501	21	516053	319870	7
北 京		677	393		1112	424		149655	61179		71032	44001	
天 津		232	168		91	64		11762	8285		5871	4433	
河 北		126	108		36	25		5776	5109		3174	2954	
山 西		189	154		66	47		11342	8463		6055	5061	
内 蒙 古		239	201		46	35		10662	8308		5634	4792	
辽 宁		265	204		122	86		16953	11955		9360	7838	
吉 林		738	226	1	521	133		50846	12477	12	19970	6159	4
黑 龙 江		349	194		79	34		8360	6325		5269	3595	
上 海		1400	898		557	301		109323	54301		51367	35106	
江 苏		774	520		484	203		70614	36963		31340	20494	
浙 江		641	454		625	222		87295	34709		38730	20773	
安 徽		236	194		75	53		12210	9556		5907	4465	
福 建		296	238		118	93		16869	13575		8961	8059	
江 西		268	190		497	346		33978	16553		16755	11600	
山 东		637	398		1034	390		61910	30490		53750	31273	
河 南		345	261		142	94		27623	21319		13977	12256	
湖 北		456	300		243	74		34852	14152		15692	9214	
湖 南		402	261		514	223		68720	29427		26711	13154	
广 东		590	455		396	134		33936	21579		17660	12396	
广 西		384	263		224	135		34847	20226		18245	11891	
海 南		60	45		353	24		41882	3430		15636	1535	
重 庆		134	106		59	34		8614	5494		4223	3091	
四 川		789	381		658	265		65205	30572		30745	15569	
贵 州		110	97		84	34		7307	4991		4980	3844	
云 南		215	201		54	47		10008	9102		7289	6987	
西 藏		28	8		7	2		1404	314		358	89	
陕 西		428	287		190	84		30230	19766		18468	12468	
甘 肃		132	113		59	20		8565	4820		4076	3630	
青 海		41	33		9	7		2024	1792		1016	929	
宁 夏		29	27		14	12		1904	1569		689	624	
新 疆		46	38	1	104	47	1	12992	5637	9	3020	1515	3
兵 团		3	2					141	64		93	76	

全国各地区各类图书出版数量（续表12）

	种数（种）合计	种数（种）新版	租型种数（种）	总印数（万册、张）合计	总印数（万册、张）新版	总印数（万册、张）租型	总印张（千印张）合计	总印张（千印张）新版	总印张（千印张）租型	定价总金额（万元）合计	定价总金额（万元）新版	定价总金额（万元）租型
全国总计	1034	478		1104	658		124238	44662		68942	30294	
中央	535	217		318	138		74210	19177		40831	11450	
地方	499	261		786	520		50028	25485		28111	18844	
北京	51	28		81	34		8774	2763		4580	3003	
天津	13	3		15	3		2363	190		842	106	
河北	6	3		2			84	26		54	14	
山西	7	2		5	1		640	220		200	78	
内蒙古	1	1					20	20		3	3	
辽宁	2	2		1	1		58	58		32	32	
吉林	68	20		28	9		2475	733		1117	384	
黑龙江	14	7		6	1		310	151		217	75	
上海	76	45		40	30		5058	3499		2337	1818	
江苏	30	16		18	9		2109	925		1074	631	
浙江	42	24		19	6		2936	749		1124	419	
安徽	8	5		3	1		203	117		100	43	
福建	7	7		7	7		548	548		236	236	
江西	12	10		42	41		1193	1083		1127	1092	
山东	12	8		4	3		829	636		356	263	
河南	8	3		2	1		361	194		246	139	
湖北	11	4		6	2		714	348		221	111	
湖南	16	4		33	4		3132	175		1228	124	
广东	9	3		3	2		286	139		221	156	
广西	32	21		36	20		3725	1467		1892	924	
海南	1	1		1	1		53	53		39	39	
重庆	4	3		2			189	151		174	163	
四川	29	13		168	95		8866	7026		4862	3800	
贵州	7	5		247	239		3695	3349		4576	4391	
云南	5	4		3	2		210	190		221	208	
西藏												
陕西	12	7		7	3		443	232		527	193	
甘肃	11	9		4	3		460	327		379	330	
青海												
宁夏	1	1		1	1		38	38		38	38	
新疆	4	2		3	1		257	79		88	31	
兵团												

全国各地区各类图书出版数量（续表13）

					O 数理科学、化学							
		种数（种）		租型种数（种）	总印数（万册、张）			总印张（千印张）			定价总金额（万元）		
		合计	新版		合计	新版	租型	合计	新版	租型	合计	新版	租型
全国总计		11551	2836		6560	1778		904744	219694		270344	86282	
中　　央		8195	1668		4333	1170		696295	161672		192740	60616	
地　　方		3356	1168		2227	608		208449	58022		77604	25666	
北　京		93	41		261	113		18650	6099		8356	3933	
天　津		152	22		179	19		8899	1528		3278	682	
河　北		18	15		10	9		1048	954		545	515	
山　西		11	4		3	1		321	79		100	31	
内蒙古		11	7		1			187	57		45	28	
辽　宁		147	49		42	14		6420	1851		1798	667	
吉　林		166	49		150	23		11305	1507		4309	819	
黑龙江		347	232		57	27		9792	5175		3130	1530	
上　海		489	159		278	123		37418	13038		13539	6277	
江　苏		326	61		193	17		16644	2422		8548	825	
浙　江		163	54		112	20		15214	2030		4753	1053	
安　徽		155	50		59	23		7894	2136		3192	1178	
福　建		43	19		21	8		2398	943		733	323	
江　西		69	24		55	21		6094	2266		1814	720	
山　东		83	25		37	7		5661	996		1272	385	
河　南		46	15		12	4		2027	686		545	239	
湖　北		273	70		316	24		19814	4121		5972	1127	
湖　南		170	57		124	29		10083	2910		3447	1162	
广　东		55	9		12	2		1570	264		412	88	
广　西		35	12		36	12		3063	663		1777	503	
海　南		14	4		7	1		915	29		289	50	
重　庆		102	29		38	11		5509	1384		1596	506	
四　川		124	45		141	73		7550	3351		4086	1757	
贵　州		4	1		1			61	8		15	2	
云　南		17	12		6	3		737	436		443	162	
西　藏		1	1					15	15		3	3	
陕　西		222	90		69	21		8515	2692		3277	870	
甘　肃		16	9		5	3		561	363		302	222	
青　海		1	1					11	11		6	6	
宁　夏		2	2					9	9		3	3	
新　疆		1			1			64			20		
兵　团													

全国各地区各类图书出版数量（续表14）

	种数（种） 合计	种数（种） 新版	租型种数（种）	总印数（万册、张） 合计	总印数（万册、张） 新版	总印数（万册、张） 租型	总印张（千印张） 合计	总印张（千印张） 新版	总印张（千印张） 租型	定价总金额（万元） 合计	定价总金额（万元） 新版	定价总金额（万元） 租型
	\multicolumn{12}{c	}{P 天文学、地球科学}
全国总计	3935	2238		1823	1027		190937	104875		114333	70769	
中 央	2393	1353		728	429		91911	49039		52559	32839	
地 方	1542	885		1095	598		99026	55836		61774	37930	
北 京	93	48		117	68		13018	8818		9804	8114	
天 津	46	32		27	18		2526	1559		1115	774	
河 北	12	9		7	6		872	835		617	583	
山 西	10	4		5	1		491	142		144	46	
内 蒙 古	14	11		4	4		486	467		112	95	
辽 宁	31	26		24	23		997	899		849	821	
吉 林	118	31		71	14		4782	710		2617	475	
黑 龙 江	48	38		6	2		605	294		321	140	
上 海	95	61		140	124		9440	7131		6634	5780	
江 苏	124	79		90	41		9438	4368		5743	2509	
浙 江	37	26		26	21		2498	1986		1325	1126	
安 徽	39	25		51	25		2315	1524		3334	1857	
福 建	14	9		8	6		882	701		376	262	
江 西	20	10		22	11		1889	597		799	412	
山 东	85	62		34	14		2777	1758		1843	1028	
河 南	67	32		30	19		3034	1531		1120	688	
湖 北	231	141		78	48		12641	8672		5184	4109	
湖 南	74	43		89	23		10245	1962		4196	1464	
广 东	29	19		9	7		891	673		589	447	
广 西	75	19		57	13		2322	791		2092	701	
海 南	5	3		4	2		569	284		196	155	
重 庆	25	9		11	4		1491	514		596	308	
四 川	116	50		92	52		6465	3414		3729	1857	
贵 州	5	4		1	1		135	129		64	61	
云 南	19	15		12	10		439	359		484	435	
西 藏	3	3		1	1		144	144		66	66	
陕 西	60	41		45	14		3108	1795		4809	1090	
甘 肃	23	17		20	17		3040	2711		2308	2161	
青 海	7	6		2	2		281	258		117	102	
宁 夏	11	10		9	6		1050	767		534	246	
新 疆	6	2		2	1		156	44		57	17	
兵 团												

全国各地区各类图书出版数量（续表15）

	\multicolumn{11}{c}{Q 生物科学}
	种数（种）		租型种数（种）	总印数（万册、张）			总印张（千印张）			定价总金额（万元）	
	合计	新版		合计	新版	租型	合计	新版	租型	合计	新版	租型
全国总计	4351	1815		3182	1343		344303	111784		157045	71776	
中　央	2433	805		1383	497		200194	54402		80306	32236	
地　方	1918	1010		1799	846		144109	57382		76739	39540	
北　京	175	73		300	76		28495	7355		11525	4919	
天　津	42	19		27	12		3012	943		1396	735	
河　北	22	10		14	7		906	704		632	402	
山　西	12	3		5			463	47		144	20	
内蒙古	18	13		5	4		1068	1023		559	542	
辽　宁	34	25		8	5		922	565		456	344	
吉　林	174	55		121	42		9470	2618		4140	1408	
黑龙江	40	37		6	6		472	396		436	418	
上　海	132	80		261	242		11810	9430		6846	5989	
江　苏	137	83		105	53		10425	4197		5029	2697	
浙　江	91	38		36	13		4317	1979		2117	1197	
安　徽	49	30		50	31		2396	1793		2168	1019	
福　建	39	29		39	27		3029	2572		3032	1605	
江　西	38	18		53	26		4629	1530		1925	1005	
山　东	55	34		29	15		1718	821		1589	932	
河　南	53	36		18	7		1990	796		1790	947	
湖　北	119	63		53	21		6975	3384		2829	1827	
湖　南	65	35		199	78		18235	3257		7126	2194	
广　东	52	28		33	20		2899	1818		1988	1507	
广　西	132	52		129	29		8159	1938		4822	1874	
海　南	18	13		11	10		1567	1480		634	579	
重　庆	51	16		17	5		2622	593		1489	383	
四　川	158	71		149	54		9032	2127		6146	2996	
贵　州	15	11		18	2		981	149		537	122	
云　南	64	49		27	16		1996	1238		1819	1318	
西　藏	1	1					5	5		3	3	
陕　西	64	27		42	6		2075	569		3377	501	
甘　肃	34	33		18	17		1682	1639		1119	1106	
青　海	2	2					99	99		141	141	
宁　夏	11	11		12	12		1453	1453		492	492	
新　疆	20	14		13	9		1203	860		430	314	
兵　团	1	1					5	5		4	4	

全国各地区各类图书出版数量（续表16）

	种数（种） 合计	种数（种） 新版	租型种数（种）	总印数（万册、张）合计	总印数（万册、张）新版	总印数（万册、张）租型	总印张（千印张）合计	总印张（千印张）新版	总印张（千印张）租型	定价总金额（万元）合计	定价总金额（万元）新版	定价总金额（万元）租型
全国总计	23008	11306		12039	5447		1930991	745643		672311	320427	
中 央	14505	5985		7042	2356		1394359	457882		456069	190514	
地 方	8503	5321		4997	3091		536632	287761		216242	129913	
北 京	343	216		316	132		44868	18738		21779	11655	
天 津	545	386		210	115		27344	13818		11484	6622	
河 北	65	51		18	12		2285	1571		1019	693	
山 西	121	32		42	9		7256	1503		2367	867	
内 蒙 古	81	74		10	9		2394	1862		858	722	
辽 宁	434	278		92	54		16872	10790		11658	8058	
吉 林	635	508		112	72		16332	10430		6538	4541	
黑 龙 江	270	261		21	17		2618	2233		1338	1148	
上 海	1166	561		1264	1071		95066	62182		35367	24453	
江 苏	649	261		367	97		48764	13728		18476	6599	
浙 江	267	113		292	95		22113	9244		9240	4473	
安 徽	136	57		77	24		8425	2454		4665	2004	
福 建	133	78		78	24		13574	3918		5106	2116	
江 西	155	131		63	43		7023	4445		3656	2599	
山 东	222	154		101	58		17287	10254		6735	4788	
河 南	599	386		175	105		28153	16290		12024	8001	
湖 北	581	366		860	775		59321	49221		16016	12993	
湖 南	350	233		183	93		33321	14883		12226	7738	
广 东	404	264		169	85		19232	10802		8748	5692	
广 西	120	76		56	18		6457	2213		3153	1165	
海 南	35	21		22	6		2885	1039		1155	395	
重 庆	105	47		168	18		11283	2059		4270	1065	
四 川	333	228		153	64		22842	9855		9175	4921	
贵 州	38	23		7	4		647	458		407	322	
云 南	227	196		30	18		4954	3105		2346	1739	
西 藏	27	23		9	6		1889	1412		1021	927	
陕 西	237	143		58	40		7233	4997		3167	2104	
甘 肃	119	64		19	11		3312	2205		1341	836	
青 海	20	20		4	4		727	727		295	295	
宁 夏	9	9		1	1		182	182		46	46	
新 疆	75	59		21	11		1953	1121		549	321	
兵 团	2	2					21	21		16	16	

全国各地区各类图书出版数量（续表17）

		种数（种）		租型种数（种）	总印数（万册、张）			总印张（千印张）			定价总金额（万元）		
		合计	新版		合计	新版	租型	合计	新版	租型	合计	新版	租型
全国总计		5279	3004		1426	636		176307	82888		75124	47193	
中 央		3496	1778		884	361		122006	51393		49146	28735	
地 方		1783	1226		542	275		54301	31495		25978	18458	
北 京		33	12		52	22		5208	2485		2001	1312	
天 津		45	35		12	10		1214	1006		1031	906	
河 北		62	39		14	3		2002	652		794	543	
山 西		11	6		5	2		448	188		164	79	
内 蒙 古		33	27		6	4		965	817		321	295	
辽 宁		85	71		12	7		2377	1577		1460	1281	
吉 林		118	98		35	13		3333	1548		1246	966	
黑 龙 江		110	108		11	10		1241	1039		716	571	
上 海		75	41		25	10		2656	1423		1275	740	
江 苏		121	68		69	41		4537	3005		2482	1739	
浙 江		55	29		11	6		1196	655		679	494	
安 徽		10	9		6	5		642	432		203	160	
福 建		56	29		29	10		3019	1302		1479	828	
江 西		26	17		11	3		949	353		288	151	
山 东		39	27		9	5		1136	879		743	622	
河 南		108	84		18	14		2254	1698		1303	1125	
湖 北		74	53		24	14		2711	1517		1360	926	
湖 南		49	31		26	11		2422	1332		1141	674	
广 东		43	27		11	6		1331	875		885	585	
广 西		50	31		38	14		2091	934		1169	618	
海 南		46	18		17	3		1294	403		265	133	
重 庆		62	20		14	5		1863	639		634	291	
四 川		89	56		19	12		2529	1563		1004	750	
贵 州		39	13		10	5		1173	838		797	664	
云 南		118	88		17	11		1716	1187		880	628	
西 藏		7	1		4			178	28		71	10	
陕 西		102	94		19	16		1637	1468		718	670	
甘 肃		25	25		4	4		648	648		270	270	
青 海		17	17		3	3		448	448		225	225	
宁 夏		26	24		2	2		449	354		149	120	
新 疆		46	26		10	4		593	179		201	65	
兵 团		3	2					40	24		24	17	

全国各地区各类图书出版数量（续表18）

					T 工业技术						
	种数（种）		租型种数（种）	总印数（万册、张）			总印张（千印张）			定价总金额（万元）	
	合计	新版		合计	新版	租型	合计	新版	租型	合计	新版	租型
全国总计	56028	20055		17939	6863		3006404	1102258		1001386	464475	
中 央	43370	13124		14058	4968		2458522	849502		786440	341389	
地 方	12658	6931		3881	1895		547882	252756		214946	123086	
北 京	361	216		229	122		31113	10554		13834	7412	
天 津	477	316		112	60		17758	8171		6944	3809	
河 北	66	63		18	17		2791	2579		1105	1037	
山 西	26	21		8	5		849	603		458	377	
内 蒙 古	23	21		4	4		584	557		287	280	
辽 宁	649	273		181	65		27684	9335		9740	4399	
吉 林	674	569		222	125		23650	13043		9151	5814	
黑 龙 江	827	583		110	69		17606	10780		5492	3872	
上 海	1389	699		439	224		64989	31002		28074	17085	
江 苏	1533	755		599	276		81094	35819		30996	16163	
浙 江	364	181		104	77		12342	8106		5235	3796	
安 徽	202	101		72	36		8184	3850		4265	2702	
福 建	147	91		68	28		9902	4507		4036	2372	
江 西	110	76		75	40		6479	3748		2451	1424	
山 东	342	172		167	56		25204	7647		7989	3412	
河 南	576	336		149	72		18243	9295		7727	4683	
湖 北	1344	625		294	139		51750	24732		19204	11943	
湖 南	363	213		159	73		23210	11155		8032	4406	
广 东	418	199		138	51		20280	6321		8058	4101	
广 西	154	85		89	39		9956	5235		6237	3587	
海 南	32	21		13	10		1337	930		743	567	
重 庆	666	197		173	60		26044	8045		8893	3526	
四 川	760	431		198	117		28146	17041		10329	6911	
贵 州	22	17		8	6		1126	898		597	534	
云 南	107	84		33	21		5513	3891		3826	3089	
西 藏	5	1		1			218	7		49	4	
陕 西	956	547		197	94		30243	14048		10483	5273	
甘 肃	16	14		6	5		634	348		308	246	
青 海	7	6		3	3		155	124		93	85	
宁 夏	15	13		2	1		342	296		160	152	
新 疆	27	5		10	1		456	88		150	26	
兵 团												

全国各地区各类图书出版数量（续表19）

		U 交通运输									
		种数（种）		租型种数（种）	总印数（万册、张）			总印张（千印张）			定价总金额（万元）		
		合计	新版		合计	新版	租型	合计	新版	租型	合计	新版	租型
全国总计		7034	3001		2222	826		301717	114264		112002	52401	
中　央		5031	1942		1600	566		225011	82409		78622	36723	
地　方		2003	1059		622	260		76706	31855		33380	15678	
北　京		63	41		34	10		3242	947		1928	507	
天　津		61	38		6	3		925	580		285	196	
河　北		1			1			10			16		
山　西		1			1			50			12		
内蒙古													
辽　宁		300	132		95	37		17120	7621		5410	2512	
吉　林		67	46		46	29		2990	1228		1438	780	
黑龙江		180	116		23	13		3170	1716		1380	1004	
上　海		294	126		79	30		10774	3810		4361	2197	
江　苏		134	62		45	23		5305	1935		2699	1374	
浙　江		21	11		29	23		1887	1397		742	586	
安　徽		23	8		13	1		721	184		687	50	
福　建		12	5		10	1		740	172		1611	121	
江　西		5	3		6			115	44		128	46	
山　东		35	13		8	2		1303	289		476	191	
河　南		45	38		9	5		953	578		419	296	
湖　北		77	53		9	7		1469	1012		587	478	
湖　南		57	43		22	8		2822	1132		985	437	
广　东		39	27		9	6		892	583		511	374	
广　西		13	6		7	2		307	173		469	163	
海　南													
重　庆		73	31		39	6		4680	671		1537	272	
四　川		425	198		88	33		13523	4936		4341	1979	
贵　州		4	4					74	74		27	27	
云　南		8	7		1	1		44	38		67	63	
西　藏													
陕　西		55	43		27	8		1737	957		1599	390	
甘　肃		6	5		10	10		1450	1440		1530	1521	
青　海													
宁　夏		2	2		3	3		322	322		111	111	
新　疆		2	1		1			82	16		24	3	
兵　团													

全国各地区各类图书出版数量（续表20）

| | \multicolumn{11}{c|}{V 航空、航天} |
| | \multicolumn{2}{c|}{种数（种）} | 租型种数（种） | \multicolumn{3}{c|}{总印数（万册、张）} | \multicolumn{3}{c|}{总印张（千印张）} | \multicolumn{3}{c|}{定价总金额（万元）} |
	合计	新版		合计	新版	租型	合计	新版	租型	合计	新版	租型
全国总计	1039	509		337	165		37024	16207		21787	11425	
中　央	773	390		166	84		24521	11248		12428	7241	
地　方	266	119		171	81		12503	4959		9359	4184	
北　京	27	13		54	32		2551	1283		2560	1680	
天　津	5	2		3			150	23		149	9	
河　北												
山　西	3			1			105			28		
内蒙古	1						3			2		
辽　宁	7	4		2	1		234	146		141	100	
吉　林	22	5		31	18		1478	475		859	372	
黑龙江	14	9		1	1		158	96		69	46	
上　海	19	10		3	1		431	274		318	203	
江　苏	10	7		8	8		508	460		414	308	
浙　江	1						76			16		
安　徽	5	2		4	1		139	78		390	205	
福　建	4	2		3	1		202	102		219	152	
江　西	2						11			5		
山　东	1	1					18	18		12	12	
河　南	2	1		2	1		55	37		56	48	
湖　北	7	6		1	1		139	130		58	51	
湖　南	6	1		3			349	14		128	8	
广　东	6	4		2	1		144	109		78	50	
广　西	8	2		6	1		252	65		302	44	
海　南	1	1		1	1		48	48		39	39	
重　庆												
四　川	42	15		13	3		2315	489		773	229	
贵　州												
云　南	1			1			20			12		
西　藏												
陕　西	70	33		30	8		3015	1080		2657	603	
甘　肃	2	1		2	1		103	31		73	24	
青　海												
宁　夏												
新　疆												
兵　团												

全国各地区各类图书出版数量（续表21）

<table>
<tr><th rowspan="3"></th><th colspan="11">X 环境科学</th></tr>
<tr><th colspan="2">种数（种）</th><th rowspan="2">租型种数（种）</th><th colspan="3">总印数（万册、张）</th><th colspan="3">总印张（千印张）</th><th colspan="3">定价总金额（万元）</th></tr>
<tr><th>合计</th><th>新版</th><th>合计</th><th>新版</th><th>租型</th><th>合计</th><th>新版</th><th>租型</th><th>合计</th><th>新版</th><th>租型</th></tr>
<tr><td>全国总计</td><td>3093</td><td>1806</td><td></td><td>1044</td><td>453</td><td></td><td>118470</td><td>51737</td><td></td><td>47161</td><td>26925</td><td></td></tr>
<tr><td>中　央</td><td>2192</td><td>1163</td><td></td><td>548</td><td>257</td><td></td><td>80617</td><td>34836</td><td></td><td>30784</td><td>17616</td><td></td></tr>
<tr><td>地　方</td><td>901</td><td>643</td><td></td><td>496</td><td>196</td><td></td><td>37853</td><td>16901</td><td></td><td>16377</td><td>9309</td><td></td></tr>
<tr><td>北　京</td><td>27</td><td>12</td><td></td><td>22</td><td>7</td><td></td><td>2373</td><td>794</td><td></td><td>682</td><td>248</td><td></td></tr>
<tr><td>天　津</td><td>29</td><td>23</td><td></td><td>18</td><td>5</td><td></td><td>1297</td><td>453</td><td></td><td>633</td><td>192</td><td></td></tr>
<tr><td>河　北</td><td>4</td><td>3</td><td></td><td>1</td><td>1</td><td></td><td>75</td><td>45</td><td></td><td>40</td><td>31</td><td></td></tr>
<tr><td>山　西</td><td>12</td><td>6</td><td></td><td>4</td><td>1</td><td></td><td>363</td><td>178</td><td></td><td>158</td><td>81</td><td></td></tr>
<tr><td>内 蒙 古</td><td>5</td><td>4</td><td></td><td></td><td></td><td></td><td>33</td><td>19</td><td></td><td>15</td><td>11</td><td></td></tr>
<tr><td>辽　宁</td><td>30</td><td>24</td><td></td><td>13</td><td>4</td><td></td><td>1232</td><td>577</td><td></td><td>431</td><td>296</td><td></td></tr>
<tr><td>吉　林</td><td>89</td><td>60</td><td></td><td>32</td><td>7</td><td></td><td>2604</td><td>857</td><td></td><td>1209</td><td>390</td><td></td></tr>
<tr><td>黑 龙 江</td><td>58</td><td>50</td><td></td><td>9</td><td>8</td><td></td><td>1165</td><td>990</td><td></td><td>497</td><td>456</td><td></td></tr>
<tr><td>上　海</td><td>62</td><td>46</td><td></td><td>47</td><td>27</td><td></td><td>4634</td><td>1965</td><td></td><td>1707</td><td>1152</td><td></td></tr>
<tr><td>江　苏</td><td>101</td><td>73</td><td></td><td>47</td><td>25</td><td></td><td>4688</td><td>2224</td><td></td><td>1671</td><td>1060</td><td></td></tr>
<tr><td>浙　江</td><td>40</td><td>23</td><td></td><td>29</td><td>19</td><td></td><td>1439</td><td>698</td><td></td><td>617</td><td>365</td><td></td></tr>
<tr><td>安　徽</td><td>16</td><td>8</td><td></td><td>12</td><td>3</td><td></td><td>939</td><td>333</td><td></td><td>701</td><td>335</td><td></td></tr>
<tr><td>福　建</td><td>24</td><td>12</td><td></td><td>62</td><td>2</td><td></td><td>1873</td><td>303</td><td></td><td>875</td><td>146</td><td></td></tr>
<tr><td>江　西</td><td>23</td><td>15</td><td></td><td>28</td><td>13</td><td></td><td>2061</td><td>1198</td><td></td><td>702</td><td>436</td><td></td></tr>
<tr><td>山　东</td><td>19</td><td>9</td><td></td><td>11</td><td>2</td><td></td><td>785</td><td>293</td><td></td><td>461</td><td>237</td><td></td></tr>
<tr><td>河　南</td><td>43</td><td>31</td><td></td><td>14</td><td>7</td><td></td><td>1956</td><td>789</td><td></td><td>850</td><td>393</td><td></td></tr>
<tr><td>湖　北</td><td>74</td><td>57</td><td></td><td>14</td><td>5</td><td></td><td>1950</td><td>948</td><td></td><td>928</td><td>634</td><td></td></tr>
<tr><td>湖　南</td><td>27</td><td>23</td><td></td><td>15</td><td>8</td><td></td><td>1604</td><td>865</td><td></td><td>611</td><td>359</td><td></td></tr>
<tr><td>广　东</td><td>39</td><td>23</td><td></td><td>12</td><td>3</td><td></td><td>1477</td><td>519</td><td></td><td>509</td><td>254</td><td></td></tr>
<tr><td>广　西</td><td>13</td><td>11</td><td></td><td>4</td><td>4</td><td></td><td>190</td><td>146</td><td></td><td>143</td><td>122</td><td></td></tr>
<tr><td>海　南</td><td>5</td><td>4</td><td></td><td>1</td><td></td><td></td><td>90</td><td>69</td><td></td><td>42</td><td>35</td><td></td></tr>
<tr><td>重　庆</td><td>14</td><td>10</td><td></td><td>3</td><td>3</td><td></td><td>377</td><td>333</td><td></td><td>163</td><td>148</td><td></td></tr>
<tr><td>四　川</td><td>47</td><td>35</td><td></td><td>42</td><td>34</td><td></td><td>1495</td><td>1221</td><td></td><td>1222</td><td>1070</td><td></td></tr>
<tr><td>贵　州</td><td>4</td><td>1</td><td></td><td>1</td><td></td><td></td><td>53</td><td>6</td><td></td><td>18</td><td>2</td><td></td></tr>
<tr><td>云　南</td><td>30</td><td>27</td><td></td><td>16</td><td>3</td><td></td><td>733</td><td>442</td><td></td><td>474</td><td>388</td><td></td></tr>
<tr><td>西　藏</td><td></td><td></td><td></td><td></td><td></td><td></td><td></td><td></td><td></td><td></td><td></td><td></td></tr>
<tr><td>陕　西</td><td>30</td><td>24</td><td></td><td>3</td><td>1</td><td></td><td>416</td><td>244</td><td></td><td>216</td><td>175</td><td></td></tr>
<tr><td>甘　肃</td><td>19</td><td>19</td><td></td><td>2</td><td>2</td><td></td><td>175</td><td>175</td><td></td><td>118</td><td>118</td><td></td></tr>
<tr><td>青　海</td><td>5</td><td>5</td><td></td><td>1</td><td>1</td><td></td><td>140</td><td>140</td><td></td><td>150</td><td>150</td><td></td></tr>
<tr><td>宁　夏</td><td>5</td><td>4</td><td></td><td>1</td><td>1</td><td></td><td>82</td><td>74</td><td></td><td>28</td><td>24</td><td></td></tr>
<tr><td>新　疆</td><td>7</td><td>1</td><td></td><td>31</td><td></td><td></td><td>1554</td><td>2</td><td></td><td>507</td><td></td><td></td></tr>
<tr><td>兵　团</td><td></td><td></td><td></td><td></td><td></td><td></td><td></td><td></td><td></td><td></td><td></td><td></td></tr>
</table>

全国各地区各类图书出版数量（续表22）

	\multicolumn{11}{c	}{Z 综合性图书}
	\multicolumn{2}{c	}{种数（种）}	租型种数（种）	\multicolumn{3}{c	}{总印数（万册、张）}	\multicolumn{3}{c	}{总印张（千印张）}	\multicolumn{3}{c	}{定价总金额（万元）}
	合计	新版		合计	新版	租型	合计	新版	租型	合计	新版	租型
全国总计	4215	3296		2884	1450		286976	155457		194727	127129	
中 央	1228	964		961	534		104193	55689		83673	46022	
地 方	2987	2332		1923	916		182783	99768		111054	81107	
北 京	162	105		306	167		38075	18882		28801	23385	
天 津	93	61		53	23		7692	1707		3331	1220	
河 北	45	45		4	4		1231	1231		1418	1418	
山 西	87	78		13	9		3012	2409		1795	1666	
内 蒙 古	19	17		2	1		342	246		291	245	
辽 宁	140	133		15	10		3397	2929		2193	2045	
吉 林	339	185		112	25		10204	3036		4908	2092	
黑 龙 江	109	98		15	10		1366	1123		931	801	
上 海	148	88		226	132		21166	10578		10525	6577	
江 苏	122	111		60	50		7973	6864		5795	5427	
浙 江	100	56		131	102		6199	3683		4046	3173	
安 徽	131	107		29	10		3992	2082		2439	1415	
福 建	87	86		33	32		3130	3058		2292	2264	
江 西	112	65		171	67		14991	4790		5969	2856	
山 东	53	37		23	15		4490	3567		2230	1772	
河 南	149	148		33	32		5023	4889		3706	3679	
湖 北	128	122		17	13		2538	2271		1543	1449	
湖 南	41	17		96	55		6439	2771		2987	1693	
广 东	104	86		35	21		4991	3499		3386	2692	
广 西	102	34		83	16		3161	1225		3839	1625	
海 南	32	31		16	16		1577	1560		949	942	
重 庆	8	6		1	1		202	164		150	141	
四 川	96	72		105	40		11039	3397		4233	2196	
贵 州	69	67		268	6		6920	1281		3135	1009	
云 南	158	156		13	12		3971	3889		3137	3104	
西 藏	8	7		2	1		283	175		192	154	
陕 西	159	152		27	19		4292	3926		4069	3511	
甘 肃	94	84		15	11		2992	2504		1618	1440	
青 海	16	16		2	2		447	447		222	222	
宁 夏	19	19		1	1		443	443		388	388	
新 疆	35	21		13	12		919	854		245	215	
兵 团	22	22		2	2		287	287		292	292	

全国各地区各类图书出版数量（续表23）

	\multicolumn{11}{c}{（二）不使用《中国标准书号》部分——图片合计}
	种数（种）		租型种数（种）	总印数（万册、张）			总印张（千印张）			定价总金额（万元）		
	合计	新版		合计	新版	租型	合计	新版	租型	合计	新版	租型
全国总计	347	179		283	210		8025	4923		5135	3553	
中　　央	168	109		237	185		3027	2501		2293	1831	
地　　方	179	70		46	25		4998	2422		2842	1722	
北　　京												
天　　津												
河　　北												
山　　西												
内　蒙　古												
辽　　宁												
吉　　林												
黑　龙　江												
上　　海	2						44			22		
江　　苏	75	1		17	2		2041	22		924	159	
浙　　江	85	60		27	23		2837	2387		1852	1549	
安　　徽												
福　　建												
江　　西												
山　　东												
河　　南												
湖　　北												
湖　　南												
广　　东												
广　　西	1	1					5	5		8	8	
海　　南												
重　　庆												
四　　川												
贵　　州												
云　　南	3	1		1			26	7		15	5	
西　　藏												
陕　　西												
甘　　肃	6			1			44			20		
青　　海												
宁　　夏												
新　　疆	7	7					1	1		1	1	
兵　　团												

全国各地区各类图书

	不使用《中国标准书号》部分——附录合计									国标（GB）、部标（BB）		
	总印数（万册、张）			总印张（千印张）			定价总金额（万元）			总印数（万册、张）		
	合计	新版	租型	合计	新版	租型	合计	新版	租型	合计	新版	租型
全国总计	1635	1058		73005	45171		47624	31234		1000	578	
中　　央	1514	983		64355	38418		43901	28690		969	548	
地　　方	121	75		8650	6753		3723	2544		31	30	
北　　京												
天　　津												
河　　北												
山　　西												
内 蒙 古												
辽　　宁												
吉　　林												
黑 龙 江												
上　　海												
江　　苏	69	56		5849	5235		1912	1738		21	20	
浙　　江	33	3		1523	294		1208	216				
安　　徽												
福　　建				5	5		10	10				
江　　西												
山　　东												
河　　南												
湖　　北												
湖　　南												
广　　东	2			40			8					
广　　西												
海　　南												
重　　庆												
四　　川	10	10		339	339		317	317		10	10	
贵　　州												
云　　南	2	2		94	94		23	23				
西　　藏												
陕　　西	3	2		505	491		240	235				
甘　　肃				8	8		5	5				
青　　海												
宁　　夏												
新　　疆	2	2		287	287							
兵　　团												

出版数量（续表24）

等标准类文件印品					活页文选、活页歌篇、小件印品等								
总印张（千印张）			定价总金额（万元）			总印数（万册、张）			总印张（千印张）			定价总金额（万元）		
合计	新版	租型	合计	新版	租型	合计	新版	租型	合计	新版	租型	合计	新版	租型
48407	26192		36547	22999		635	480		24598	18979		11077	8235	
47298	25111		35479	21957		545	435		17057	13307		8422	6733	
1109	1081		1068	1042		90	45		7541	5672		2655	1502	
768	740		748	722		48	36		5081	4495		1164	1016	
						33	3		1523	294		1208	216	
									5	5		10	10	
						2			40			8		
339	339		317	317										
						2	2		94	94		23	23	
						3	2		505	491		240	235	
2	2		3	3					6	6		2	2	
						2	2		287	287				

全国各类少年儿童读物出版数量

	种数（种）合计	种数（种）新版	租型种数（种）	总印数(万册、张)合计	总印数(万册、张)新版	总印数(万册、张)租型	总印张（千印张）合计	总印张（千印张）新版	总印张（千印张）租型	定价总金额（万元）合计	定价总金额（万元）新版	定价总金额（万元）租型
图书总计	**46322**	**18812**	**94**	**96994**	**35787**	**226**	**5592253**	**1788540**	**16342**	**2861625**	**1140965**	**4418**
（一）使用《中国标准书号》部分合计	46322	18812	94	96994	35787	226	5592253	1788540	16342	2861625	1140965	4418
A 马克思主义、列宁主义、毛泽东思想	9	2		13			1592	35		401	10	
B 哲学	457	155		626	203		52019	12813		22257	7805	
C 社会科学总论	78	34		91	36		6592	2701		3192	1823	
D 政治、法律	291	140	4	1031	502	172	62305	21209	9689	19630	8108	2622
E 军事	148	40		344	178		25754	11545		11956	7447	
F 经济	60	38		106	29		4745	1756		4108	1340	
G 文化、科学、教育、体育	8129	3623	90	20069	8459	54	696666	272256	6653	660445	285583	1796
H 语言、文字	1671	496		5226	1276		213756	54375		133314	39377	
I 文学	25362	10312		48756	16502		3196086	961491		1323743	497268	
J 艺术	2861	941		6625	2041		464034	118695		182375	58223	
K 历史、地理	2169	914		5046	2365		342832	120450		177902	89106	
N 自然科学总论	304	149		781	528		44174	23148		27669	17909	
O 数理科学、化学	692	196		1784	473		83597	24139		48615	15026	
P 天文学、地球科学	719	332		801	415		43563	17758		35200	14537	
Q 生物科学	1265	535		1908	870		128194	44692		73689	31679	
R 医药、卫生	287	134		277	125		14689	5735		12387	5453	
S 农业科学	149	50		165	72		11894	5890		5253	3046	
T 工业技术	390	226		658	442		39820	26971		26811	15820	
U 交通运输	163	78		226	117		9575	4223		10950	4358	
V 航空、航天	104	37		130	62		8077	2422		8062	3143	
X 环境科学	136	55		209	93		10349	3771		6672	3298	
Z 综合性图书	878	325		2122	999		131940	52465		66994	30606	
（二）不使用《中国标准书号》部分合计												
1. 图片												
2. 国标(GB)、部标(BB)等标准类文件印品												
3. 活页文选、活页歌篇、小件印品等												

全国各地区少年儿童读物出版数量

	种数（种）合计	种数（种）新版	租型种数（种）	总印数（万册、张）合计	总印数（万册、张）新版	总印数（万册、张）租型	总印张（千印张）合计	总印张（千印张）新版	总印张（千印张）租型	定价总金额（万元）合计	定价总金额（万元）新版	定价总金额（万元）租型
全国总计	46322	18812	94	96994	35787	226	5592253	1788540	16342	2861625	1140965	4418
中　央	11520	4907		26487	10773		1517020	535750		799450	340230	
地　方	34802	13905	94	70507	25014	226	4075233	1252790	16342	2062175	800735	4418
北　京	3180	1156		8662	2770		570231	152514		233440	91930	
天　津	1012	332		1688	576		89813	27621		44762	15338	
河　北	1053	405		1934	392		90208	25943		58919	15363	
山　西	139	89		90	59		6798	4068		3152	2303	
内蒙古	375	202		132	83		10581	8669		3696	2955	
辽　宁	1056	542		1498	661		94902	31476		36298	18710	
吉　林	2636	797		2647	1000		152869	45217		69303	27841	
黑龙江	694	358		568	206		35384	12189		18414	7542	
上　海	1686	765		7664	4080		258012	106666		302296	135094	
江　苏	1996	736		2808	850		197549	52479		89985	31826	
浙　江	2445	1073	1	3542	1043	15	266253	69355	845	98004	33559	294
安　徽	1868	504		2810	819		184936	50691		83527	27181	
福　建	668	280	1	1361	709	21	77302	31167	1187	43047	21312	413
江　西	2349	850		6125	2044		334688	97814		148258	56240	
山　东	2256	926	91	4181	1632	74	278789	91288	7569	146606	66650	2187
河　南	471	190		1093	276		35448	10829		20239	5893	
湖　北	1169	369		3070	436		236712	38776		74154	13990	
湖　南	997	426		2842	1223		212200	89575		72808	32330	
广　东	944	520		1452	648		75181	35838		42788	24932	
广　西	2002	618		2630	660		136698	40708		79930	28733	
海　南	224	117		233	161		17179	13646		7764	5742	
重　庆	167	94		141	60		6395	3360		3577	1977	
四　川	2743	1019	1	8013	2734	116	450135	119969	6741	184131	65598	1524
贵　州	229	100		1839	485		55529	12490		35594	12553	
云　南	681	329		1223	525		89308	35738		38524	19836	
西　藏	49	14		25	9		921	397		440	175	
陕　西	540	233		1234	292		48914	14475		85677	15119	
甘　肃	310	136		390	163		23329	11093		20199	8953	
青　海	7	6		4	4		159	136		96	80	
宁　夏	125	80		238	117		20690	5059		6960	2876	
新　疆	725	633		304	231		16306	11730		7157	5674	
兵　团	6	6		66	66		1814	1814		2430	2430	

全国课本出版数量

	种数（种）合计	种数（种）新版	租型种数（种）	总印数（万册、张）合计	总印数（万册、张）租型	总印张（千印张）合计	总印张（千印张）租型	定价总金额（万元）合计	定价总金额（万元）租型
课本合计	90143	20075	8809	432063	201279	33587497	14819165	4890588	1567814
（1）大专及以上课本	66257	16451	1	33605		6014554	86	1498942	12
（2）中专、技校课本	7399	1025		10945		1509138		324498	
（3）中学课本	5438	722	5137	188125	105063	15144425	9002311	1632630	934960
（4）小学课本	5257	848	3558	195095	96133	10190265	5808318	1228265	630698
（5）业余教育课本	1848	558	8	1425	35	265075	1921	69627	175
（6）扫盲课本	3	3		1		59		34	
（7）教学用书	3941	468	105	2867	48	463981	6529	136592	1969

全国课本出版数量与上年相比增减百分比

	种数 合计	种数 新版	租型种数	总印数 合计	总印数 租型	总印张 合计	总印张 租型	定价总金额 合计	定价总金额 租型
课本合计	6.29	6.36	1.08	13.98	8.46	14.55	8.63	16.60	9.65
（1）大专及以上课本	7.62	8.26		15.63		15.80		19.03	
（2）中专、技校课本	2.99	-7.74		41.79		46.25		49.05	
（3）中学课本	0.50	-3.22	1.08	11.51	7.42	13.73	9.96	14.54	11.41
（4）小学课本	6.57	43.73	2.21	15.08	9.61	11.86	6.68	11.10	7.29
（5）业余教育课本	-2.94	-7.00		5.79		4.46		3.45	
（6）扫盲课本	50.00			275.00		883.33		1033.33	
（7）教学用书	3.44	-25.95	-30.92	6.50	-30.43	11.52	-30.48	14.68	-27.74

课本出版数量

中央出版社

	种数（种） 合计	种数（种） 新版	租型种数（种）	总印数（万册、张） 合计	总印数（万册、张） 租型	总印张（千印张） 合计	总印张（千印张） 租型	定价总金额（万元） 合计	定价总金额（万元） 租型
课本合计	55297	10775	6	115852	62	11541919	4346	2127340	411
（1）大专及以上课本	43900	9212		25263		4716244		1133822	
（2）中专、技校课本	6120	736		10003		1396253		297533	
（3）中学课本	1685	166	6	41343	62	3275410	4346	355771	411
（4）小学课本	1083	166		36130		1614579		190404	
（5）业余教育课本	1217	351		1018		182275		50519	
（6）扫盲课本									
（7）教学用书	1292	144		2095		357158		99291	

课本出版数量与上年相比增减百分比

中央出版社

	种数 合计	种数 新版	租型种数	总印数 合计	总印数 租型	总印张 合计	总印张 租型	定价总金额 合计	定价总金额 租型
课本合计	7.14	6.69	−45.45	24.77	82.35	25.60	39.07	24.32	69.14
（1）大专及以上课本	8.83	10.38		18.95		18.95		20.97	
（2）中专、技校课本	4.88	0.96		49.77		54.19		57.12	
（3）中学课本	−0.12	−29.96	−45.45	22.48	82.35	28.91	39.07	26.93	69.14
（4）小学课本	0.46	37.19		28.33		28.19		16.31	
（5）业余教育课本	−13.44	−17.99		−4.23		−8.38		−6.80	
（6）扫盲课本									
（7）教学用书	1.97	−39.50		6.83		11.71		15.04	

课本出版数量（续表）

地方出版社

	种数（种） 合计	种数（种） 新版	租型种数（种）	总印数（万册、张） 合计	总印数（万册、张） 租型	总印张（千印张） 合计	总印张（千印张） 租型	定价总金额（万元） 合计	定价总金额（万元） 租型
课本合计	34846	9300	8803	316211	201217	22045578	14814819	2763248	1567403
（1）大专及以上课本	22357	7239	1	8342		1298310	86	365120	12
（2）中专、技校课本	1279	289		942		112885		26965	
（3）中学课本	3753	556	5131	146782	105001	11869015	8997965	1276859	934549
（4）小学课本	4174	682	3558	158965	96133	8575686	5808318	1037861	630698
（5）业余教育课本	631	207	8	407	35	82800	1921	19108	175
（6）扫盲课本	3	3		1		59		34	
（7）教学用书	2649	324	105	772	48	106823	6529	37301	1969

课本出版数量与上年相比增减百分比（续表）

地方出版社

	种数 合计	种数 新版	租型种数	总印数 合计	总印数 租型	总印张 合计	总印张 租型	定价总金额 合计	定价总金额 租型
课本合计	4.97	5.97	1.14	10.48	8.44	9.50	8.63	11.28	9.64
（1）大专及以上课本	5.33	5.68		6.63		5.63		13.38	
（2）中专、技校课本	-5.19	-24.35		-9.42		-10.64		-4.86	
（3）中学课本	0.78	9.23	1.18	8.76	7.39	10.15	9.95	11.51	11.39
（4）小学课本	8.27	45.42	2.21	12.44	9.61	9.24	6.68	10.19	7.29
（5）业余教育课本	26.71	20.35		43.31		51.09		45.86	
（6）扫盲课本	50.00			275.00		883.33		1033.33	
（7）教学用书	4.17	-17.77	-30.92	5.61	-30.43	10.90	-30.48	13.75	-27.74

全国各地区课本出版总量

	种数（种）合计	种数（种）新版	租型种数（种）	总印数（万册、张）合计	总印数（万册、张）租型	总印张（千印张）合计	总印张（千印张）租型	定价总金额（万元）合计	定价总金额（万元）租型
全国总计	90143	20075	8809	432063	201279	33587497	14819165	4890588	1567814
中　　央	55297	10775	6	115852	62	11541919	4346	2127340	411
地　　方	34846	9300	8803	316211	201217	22045578	14814819	2763248	1567403
北　　京	715	213	165	2307	1708	227575	142173	29899	13560
天　　津	459	142	198	1801	1404	136797	106897	16773	10870
河　　北	315	32	199	17250	10117	1173849	793071	124529	79471
山　　西	207	18	252	5719	4208	407396	332667	48917	34775
内 蒙 古	768	46	274	4378	3155	312603	231013	31183	23265
辽　　宁	2569	561	217	6439	3748	538087	306030	86009	35698
吉　　林	534	202	291	4399	3227	312594	253791	34522	26295
黑 龙 江	1006	507	290	3438	2874	263726	224419	34478	24510
上　　海	6269	1368	56	15062	771	1221203	59191	233749	8779
江　　苏	3588	884	235	27910	11353	1868931	810820	248503	84712
浙　　江	1510	428	336	18450	10170	1160873	690677	150786	76562
安　　徽	727	171	690	13615	12023	1005899	909616	137894	115721
福　　建	309	78	207	6714	4691	460840	349624	53639	36341
江　　西	321	116	231	8802	7957	704121	632173	76801	63151
山　　东	1300	180	337	22329	13766	1564338	998690	186954	111871
河　　南	1171	403	300	25673	16718	1641687	1267922	179822	121561
湖　　北	2709	804	329	9245	7285	756542	574664	107259	63807
湖　　南	1120	328	337	16958	11584	1080529	762151	150302	88336
广　　东	1912	498	128	27966	12330	1751063	900684	221069	90292
广　　西	506	93	282	12365	8520	840904	635100	89056	62158
海　　南	44	16	262	2206	1999	139466	129688	15729	14044
重　　庆	2167	514	323	7120	3992	507246	302858	74802	34565
四　　川	2133	855	502	14516	12291	1021399	833192	119925	88314
贵　　州	95	11	298	8055	7459	573671	549296	54624	51356
云　　南	214	65	278	9412	7505	667894	581115	64178	54033
西　　藏	76	2	269	1259	1089	90456	76312	11284	9544
陕　　西	1808	737	491	7903	6038	582150	430482	68524	42012
甘　　肃	34	21	249	4102	3743	307819	285847	29057	28309
青　　海	137	2	241	1116	977	84660	71957	8850	7993
宁　　夏	17		194	1077	1039	80535	78457	9851	9622
新　　疆	106	5	342	8625	7476	560825	494242	64280	55876
兵　　团									

各地区各类课本出版数量

	种数（种）合计	种数（种）新版	租型种数（种）	大专及以上课本 总印数（万册、张）合计	总印数（万册、张）租型	总印张（千印张）合计	总印张（千印张）租型	定价总金额（万元）合计	定价总金额（万元）租型
全国总计	66257	16451	1	33605		6014554	86	1498942	12
中　央	43900	9212		25263		4716244		1133822	
地　方	22357	7239	1	8342		1298310	86	365120	12
北　京	450	176		111		18666		5187	
天　津	411	132		86		14698		4115	
河　北	3			1		78		41	
山　西									
内蒙古	12	1		8		1328		208	
辽　宁	2056	468		751		123677		32335	
吉　林	242	150		58		9660		2862	
黑龙江	901	506		123		21572		5609	
上　海	3916	1035	1	3066		443224	86	131477	12
江　苏	2610	734		950		148132		42203	
浙　江	843	221		164		25427		7084	
安　徽	493	161		137		22499		5921	
福　建	197	69		65		13545		4171	
江　西	241	106		108		16471		4068	
山　东	364	126		128		21083		5205	
河　南	819	345		202		33159		8910	
湖　北	2503	749		612		103304		28000	
湖　南	757	279		342		54391		15479	
广　东	667	159		158		25719		6921	
广　西	139	47		162		24429		5823	
海　南	2	2		1		84		27	
重　庆	1305	321		320		50175		15162	
四　川	1741	744		392		60819		17451	
贵　州	15	4		22		2857		508	
云　南	22	7		8		1216		333	
西　藏									
陕　西	1626	686		348		57983		15346	
甘　肃	21	11		2		326		84	
青　海									
宁　夏									
新　疆	1			17		3788		590	
兵　团									

各地区各类课本出版数量（续表1）

	中专、技校课本							
	种数（种）｜｜		租型种数（种）	总印数（万册、张）｜｜		总印张（千印张）｜｜		定价总金额（万元）｜｜
	合计	新版		合计	租型	合计	租型	合计	租型
全国总计	7399	1025		10945		1509138		324498	
中　　央	6120	736		10003		1396253		297533	
地　　方	1279	289		942		112885		26965	
北　　京	69	6		14		1680		521	
天　　津									
河　　北									
山　　西									
内 蒙 古									
辽　　宁	23	4		8		1005		231	
吉　　林	29	4		51		3629		283	
黑 龙 江	2			1		80		16	
上　　海	214	13		108		12096		3222	
江　　苏	182	12		441		53837		11633	
浙　　江	29	3		35		3784		738	
安　　徽	10	2		7		726		223	
福　　建	3	2		2		310		88	
江　　西	15	1		7		840		209	
山　　东	48	2		32		3911		1120	
河　　南	5	3		5		378		149	
湖　　北	35	20		6		1239		275	
湖　　南	10	3		16		1751		464	
广　　东	118	51		56		8077		1878	
广　　西	16	2		9		1010		260	
海　　南									
重　　庆	339	81		113		14303		4400	
四　　川	127	78		31		4144		1235	
贵　　州									
云　　南	1	1				8		5	
西　　藏									
陕　　西	2	1				54		11	
甘　　肃	2					23		4	
青　　海									
宁　　夏									
新　　疆									
兵　　团									

各地区各类课本出版数量（续表2）

	中学课本								
	种数（种）		租型种数（种）	总印数（万册、张）		总印张（千印张）		定价总金额（万元）	
	合计	新版		合计	租型	合计	租型	合计	租型
全国总计	5438	722	5137	188125	105063	15144425	9002311	1632630	934960
中　央	1685	166	6	41343	62	3275410	4346	355771	411
地　方	3753	556	5131	146782	105001	11869015	8997965	1276859	934549
北　京	15		103	1009	942	95928	90185	9134	8422
天　津	18	3	104	872	744	72822	64675	7197	6425
河　北	52	5	103	7025	5211	614299	469607	61497	45635
山　西	86	8	158	3139	2408	258865	219812	28416	22168
内蒙古	335	17	184	2235	1689	190492	145373	17998	13938
辽　宁	79	1	120	3059	2384	254819	218167	31030	26052
吉　林	136	29	169	2307	1908	197052	176257	19999	17786
黑龙江	26	1	153	1933	1724	162298	151779	18741	16106
上　海	674	121	33	5841	353	448894	29170	52370	4099
江　苏	203	23	123	12656	6447	971949	512814	97372	50730
浙　江	199	67	202	7347	4488	603394	391505	68513	41928
安　徽	96	3	421	7039	6714	620173	602227	78298	73040
福　建	32		101	2543	2054	213367	184048	22077	18546
江　西	30		162	4937	4654	439906	415014	44651	40373
山　东	259	10	196	11605	7744	922418	620214	106025	72074
河　南	122	9	166	11905	8773	921244	762948	89326	70150
湖　北	55	11	190	4331	3867	390010	359977	45869	40595
湖　南	104	9	215	8227	6317	605637	477517	75297	55242
广　东	442	115	55	10732	5166	820169	429991	91537	42764
广　西	159	21	151	5966	4248	463767	371903	44323	34466
海　南	26	8	134	1057	919	78114	71812	8741	7675
重　庆	173	48	203	3321	2469	247721	206063	31701	24913
四　川	100	10	279	7664	6429	600271	520531	63233	55609
贵　州	28	3	183	3735	3577	323357	314858	28924	28032
云　南	53	3	153	4443	3721	395265	352731	35750	31739
西　藏	20	1	158	583	528	51906	44967	6224	5443
陕　西	86	19	280	3557	2892	291152	247562	28077	22905
甘　肃	5	4	157	2212	2059	189045	178334	17690	17688
青　海	78	2	137	551	492	49743	42221	5271	4781
宁　夏	5		123	573	562	48796	47978	5932	5845
新　疆	57	5	215	4378	3518	326142	277725	35646	29380
兵　团									

各地区各类课本出版数量（续表3）

	小学课本							
	种数（种）		租型种数（种）	总印数（万册、张）		总印张（千印张）		定价总金额（万元）	
	合计	新版		合计	租型	合计	租型	合计	租型
全国总计	5257	848	3558	195095	96133	10190265	5808318	1228265	630698
中　央	1083	166		36130		1614579		190404	
地　方	4174	682	3558	158965	96133	8575686	5808318	1037861	630698
北　京	27		62	1033	766	65798	51987	6686	5138
天　津	21	4	94	841	661	48908	42222	5326	4445
河　北	116	6	96	10174	4906	553504	323464	61037	33836
山　西	110	6	94	2576	1800	148398	112855	20479	12607
内　蒙　古	271	21	90	2129	1466	120021	85640	12932	9327
辽　宁	145	9	97	2529	1364	142524	87863	17570	9647
吉　林	120	17	122	1981	1320	101891	77534	11306	8509
黑　龙　江	40		127	1377	1150	79435	72538	10048	8392
上　海	553	68	22	5839	418	277492	29935	37256	4668
江　苏	201	38	70	13631	4864	663965	292138	85415	32362
浙　江	321	95	127	10849	5682	521720	299172	72408	34634
安　徽	110	3	243	6423	5307	361451	307291	53083	42573
福　建	52		106	4091	2637	232482	165576	26903	17795
江　西	26		69	3746	3303	246709	217160	27816	22778
山　东	323	21	141	10479	6022	605086	378476	70763	39796
河　南	127	15	133	13541	7943	683472	504885	79537	51281
湖　北	105	24	127	4290	3416	261408	214424	32950	23123
湖　南	90	16	122	8291	5267	410288	284634	54051	33094
广　东	458	148	72	16970	7163	891624	470674	118170	47523
广　西	165	21	129	6223	4272	351165	263190	38502	27692
海　南	16	6	128	1148	1080	61268	57876	6961	6369
重　庆	270	48	120	3314	1523	189237	96795	21161	9652
四　川	102	20	215	6387	5826	353306	310741	37496	32530
贵　州	52	4	115	4299	3882	247457	234438	25192	23325
云　南	138	54	125	4961	3784	271405	228385	28090	22294
西　藏	32	1	107	667	560	37602	31260	4976	4095
陕　西	84	31	211	3992	3146	232396	182920	24939	19107
甘　肃	6	6	92	1888	1685	118425	107513	11279	10621
青　海	36		104	562	485	34743	29736	3572	3213
宁　夏	12		71	504	477	31739	30479	3918	3776
新　疆	45		127	4230	3958	230767	216517	28039	26496
兵　团									

各地区各类课本出版数量（续表4）

	业余教育课本							
	种数（种）		租型种数（种）	总印数（万册、张）		总印张（千印张）		定价总金额（万元）	
	合计	新版		合计	租型	合计	租型	合计	租型
全国总计	1848	558	8	1425	35	265075	1921	69627	175
中　央	1217	351		1018		182275		50519	
地　方	631	207	8	407	35	82800	1921	19108	175
北　京	132	26		136		44950		8170	
天　津	1					9		2	
河　北									
山　西									
内 蒙 古									
辽　宁	191	74		82		14973		4524	
吉　林	2	2		1		250		65	
黑 龙 江	14			1		99		36	
上　海	10			4		504		151	
江　苏	122	43		51		6959		2212	
浙　江	7	2		17		1918		212	
安　徽	11	1		7		815		231	
福　建									
江　西									
山　东	25	15		7		1475		437	
河　南	61	27		17		2790		949	
湖　北	1			2		240		64	
湖　南	9	3		2		480		117	
广　东	10	3		4		530		155	
广　西	4	2		2		272		86	
海　南									
重　庆	15	6		34		3990		1344	
四　川	16	3	8	40	35	2546	1921	353	175
贵　州									
云　南									
西　藏									
陕　西									
甘　肃									
青　海									
宁　夏									
新　疆									
兵　团									

各地区各类课本出版数量（续表5）

	扫盲课本							
	种数（种）		租型种数（种）	总印数（万册、张）		总印张（千印张）		定价总金额（万元）	
	合计	新版		合计	租型	合计	租型	合计	租型
全国总计	3	3		1		59		34	
中　　央									
地　　方	3	3		1		59		34	
北　　京									
天　　津									
河　　北									
山　　西									
内　蒙　古									
辽　　宁									
吉　　林									
黑　龙　江									
上　　海	3	3		1		59		34	
江　　苏									
浙　　江									
安　　徽									
福　　建									
江　　西									
山　　东									
河　　南									
湖　　北									
湖　　南									
广　　东									
广　　西									
海　　南									
重　　庆									
四　　川									
贵　　州									
云　　南									
西　　藏									
陕　　西									
甘　　肃									
青　　海									
宁　　夏									
新　　疆									
兵　　团									

各地区各类课本出版数量（续表6）

	教学用书							
	种数（种）		租型种数（种）	总印数（万册、张）		总印张（千印张）		定价总金额（万元）	
	合计	新版		合计	租型	合计	租型	合计	租型
---	---	---	---	---	---	---	---	---	---
全国总计	3941	468	105	2867	48	463981	6529	136592	1969
中　央	1292	144		2095		357158		99291	
地　方	2649	324	105	772	48	106823	6529	37301	1969
北　京	22	5		4		553		202	
天　津	8	3		3		361		133	
河　北	144	21		50		5969		1954	
山　西	11	4		3		133		22	
内 蒙 古	150	7		6		762		44	
辽　宁	75	5		10		1088		318	
吉　林	5			2		113		7	
黑 龙 江	23		10	3	1	242	102	29	13
上　海	899	128		203		38933		9240	
江　苏	270	34	42	182	43	24089	5868	9668	1620
浙　江	111	40	7	38		4631		1830	
安　徽	7	1	26	2	1	235	98	137	107
福　建	25	7		13		1136		400	
江　西	9	9		3		195		59	
山　东	281	6		78		10365		3404	
河　南	37	4	1	4		644	88	951	129
湖　北	10		12	3	2	340	263	101	89
湖　南	150	18		79		7982		4893	
广　东	217	22	1	47		4945	19	2408	4
广　西	23		2	3		262	7	61	1
海　南									
重　庆	65	10		18		1819		1035	
四　川	47			2		313		157	
贵　州									
云　南									
西　藏	24		4	9	1	948	84	85	6
陕　西	10			5		564		150	
甘　肃									
青　海	23			2		174		8	
宁　夏									
新　疆	3					27		5	
兵　团									

- 68 -

在地方图书出版数量中各省（自治区、直辖市）所占百分比

地方	种数 合计	种数 新版	租型种数	总印数 合计	总印数 新版	总印数 租型	总印张 合计	总印张 新版	总印张 租型	定价总金额 合计	定价总金额 新版	定价总金额 租型
	100.00	100.00	100.00	100.00	100.00	100.00	100.00	100.00	100.00	100.00	100.00	100.00
北京	4.72	4.59	1.39	4.70	5.58	0.77	4.81	5.81	0.86	7.51	9.53	0.76
天津	2.51	2.94	1.67	1.15	1.71	0.63	1.26	1.62	0.65	1.86	2.23	0.61
河北	3.47	2.15	4.00	4.51	2.19	5.32	4.71	2.48	6.08	4.20	2.34	5.79
山西	1.02	1.30	2.14	1.40	1.90	1.90	1.64	3.00	2.02	1.13	1.56	1.95
内蒙古	0.97	0.87	2.84	0.74	0.28	1.58	0.73	0.38	1.69	0.45	0.36	1.60
辽宁	3.65	3.82	1.92	2.28	2.83	1.69	2.53	2.90	1.86	2.80	3.19	2.00
吉林	8.81	9.67	6.19	3.66	5.60	2.15	4.08	5.66	2.44	5.35	6.31	2.39
黑龙江	2.73	4.10	3.74	1.04	0.79	1.61	1.19	0.90	1.79	1.13	0.99	1.82
上海	9.61	9.48	0.47	5.82	8.56	0.35	6.17	7.79	0.36	9.25	10.99	0.49
江苏	9.03	7.24	3.57	9.28	7.76	5.67	9.07	7.11	5.72	8.67	6.86	5.48
浙江	5.18	5.18	3.34	5.71	6.99	4.62	5.41	6.58	4.24	5.67	6.58	4.36
安徽	3.23	2.62	6.61	3.81	2.37	5.52	3.85	2.81	5.66	3.43	2.63	6.71
福建	1.54	1.73	1.84	1.82	1.44	2.22	1.79	1.36	2.15	1.67	1.52	2.10
江西	3.26	3.86	1.94	3.44	4.16	3.59	3.00	3.52	3.84	3.25	3.68	3.53
山东	4.98	3.80	7.13	6.82	5.19	8.91	6.23	4.59	8.63	5.30	4.45	9.60
河南	3.09	3.15	3.27	5.25	4.02	7.76	4.61	3.39	7.86	2.92	2.48	6.99
湖北	4.76	4.76	3.40	3.78	3.54	3.47	3.42	3.46	3.57	3.78	3.33	3.75
湖南	3.53	3.16	3.64	5.99	5.13	5.52	6.33	6.10	4.98	5.64	5.06	5.40
广东	3.69	4.19	1.08	5.94	8.06	5.56	5.74	7.41	5.47	4.76	5.06	5.05
广西	2.25	2.04	4.41	3.97	2.81	4.61	3.68	2.51	4.74	2.69	2.23	4.45
海南	1.29	1.20	2.21	0.89	1.04	0.90	0.91	1.10	0.79	0.86	0.89	0.79
重庆	1.80	1.46	2.72	1.70	1.18	1.80	1.55	0.92	1.84	1.38	1.03	1.93
四川	4.60	5.29	4.30	4.93	4.96	5.60	4.60	3.99	5.11	4.47	4.70	5.03
贵州	0.38	0.58	4.81	1.49	0.57	4.18	1.24	0.41	4.08	0.91	0.58	4.49
云南	1.97	2.46	2.96	2.31	2.99	3.50	2.39	2.98	3.71	1.88	2.13	3.20
西藏	0.17	0.15	2.32	0.20	0.05	0.50	0.18	0.07	0.48	0.12	0.08	0.55
陕西	3.99	3.67	4.43	2.68	2.08	2.80	3.26	2.62	2.69	3.67	2.70	2.44
甘肃	1.46	1.43	2.26	1.34	1.83	1.77	1.25	1.68	1.77	1.18	1.40	1.62
青海	0.20	0.21	2.03	0.17	0.05	0.44	0.18	0.08	0.44	0.11	0.10	0.45
宁夏	0.76	0.85	1.63	0.62	1.25	0.47	0.83	1.55	0.48	0.89	1.13	0.54
新疆	1.24	1.82	5.75	2.51	2.82	4.59	3.26	4.82	4.00	2.95	3.51	4.16
兵团	0.11	0.21		0.06	0.29		0.10	0.39		0.13	0.38	

全国图书出版

		图书总计				使用《中国标				
		种数（种）		印数（万册、张）	印张（千印张）	总定价（万元）	书籍 种数（种）		印数（万册、张）	印张（千印张）	总定价（万元）
		合计	新版				合计	新版			
全国总计		529197	225253	1186381	106593814	26161370	438707	204999	752400	72925287	21218023
中　央		216059	89335	335362	37204703	9719634	160594	78451	217759	25595402	7546100
地　方		313138	135918	851019	69389111	16441736	278113	126548	534641	47329885	13671923
北　京		14775	6242	40002	3334637	1234030	14060	6029	37695	3107062	1204131
天　津		7857	3999	9746	875992	305484	7398	3857	7945	739195	288711
河　北		10855	2928	38355	3270673	691242	10540	2896	21105	2096824	566713
山　西		3187	1767	11906	1137586	186061	2980	1749	6187	730190	137144
内蒙古		3049	1179	6261	505537	73258	2281	1133	1883	192934	42075
辽　宁		11433	5195	19423	1754804	460902	8864	4634	12984	1216717	374893
吉　林		27597	13147	31118	2832730	879477	27063	12945	26719	2520136	844955
黑龙江		8562	5566	8809	825021	185534	7556	5059	5371	561295	151056
上　海		30082	12885	49517	4284098	1520377	23811	11517	34455	3062851	1286606
江　苏		28273	9844	79015	6290339	1425257	24610	8959	51019	4413518	1173918
浙　江		16211	7041	48612	3752062	932138	14616	6553	30102	2586829	778292
安　徽		10121	3558	32402	2672278	563547	9394	3387	18787	1666379	425653
福　建		4833	2353	15467	1244955	274204	4524	2275	8753	784110	220555
江　西		10217	5246	29306	2082710	534036	9896	5130	20504	1378589	457235
山　东		15591	5170	58015	4322487	871042	14291	4990	35686	2758149	684088
河　南		9670	4286	44654	3198090	480808	8499	3883	18981	1556403	300986
湖　北		14910	6472	32154	2370184	622184	12201	5668	22909	1613642	514925
湖　南		11045	4293	50979	4391186	927872	9925	3965	34021	3310657	777570
广　东		11565	5692	50569	3982348	783097	9653	5194	22601	2231245	562020
广　西		7054	2776	33817	2555538	442475	6547	2682	21452	1714629	353411
海　南		4048	1630	7589	628477	140804	4004	1614	5383	489011	125075
重　庆		5626	1984	14484	1078973	227285	3459	1470	7364	571727	152483
四　川		14406	7190	41932	3194106	734524	12273	6335	27406	2172368	614282
贵　州		1202	787	12714	859794	149374	1107	776	4659	286123	94750
云　南		6169	3347	19661	1660985	308587	5952	3281	10246	992971	244371
西　藏		541	207	1684	125740	19851	465	205	425	35284	8567
陕　西		12497	4991	22810	2258728	602944	10689	4254	14904	1676073	534180
甘　肃		4562	1948	11445	866964	194694	4522	1927	7342	559093	165612
青　海		613	281	1423	124851	17847	476	279	307	40191	8997
宁　夏		2384	1157	5276	578816	146799	2367	1157	4199	498281	136948
新　疆		3873	2477	21372	2262246	484356	3760	2465	12745	1701233	420075
兵　团		330	280	502	66176	21646	330	280	502	66176	21646

数量（书籍、课本、图片）

准书号》部分 课本					不使用《中国标准书号》部分—图片合计					附：活页文选 影印书等用纸		
种数（种）		印数（万册、张）	印张（千印张）	总定价（万元）	种数（种）		印数（万册、张）	印张（千印张）	总定价（万元）	印数（万册、张）	印张（千印张）	总定价（万元）
合计	新版				合计	新版						
90143	20075	432063	33587497	4890588	347	179	283	8025	5135	1635	73005	47624
55297	10775	115852	11541919	2127340	168	109	237	3027	2293	1514	64355	43901
34846	9300	316211	22045578	2763248	179	70	46	4998	2842	121	8650	3723
715	213	2307	227575	29899								
459	142	1801	136797	16773								
315	32	17250	1173849	124529								
207	18	5719	407396	48917								
768	46	4378	312603	31183								
2569	561	6439	538087	86009								
534	202	4399	312594	34522								
1006	507	3438	263726	34478								
6269	1368	15062	1221203	233749	2			44	22			
3588	884	27910	1868931	248503	75	1	17	2041	924	69	5849	1912
1510	428	18450	1160873	150786	85	60	27	2837	1852	33	1523	1208
727	171	13615	1005899	137894								
309	78	6714	460840	53639							5	10
321	116	8802	704121	76801								
1300	180	22329	1564338	186954								
1171	403	25673	1641687	179822								
2709	804	9245	756542	107259								
1120	328	16958	1080529	150302								
1912	498	27966	1751063	221069						2	40	8
506	93	12365	840904	89056	1	1		5	8			
44	16	2206	139466	15729								
2167	514	7120	507246	74802								
2133	855	14516	1021399	119925						10	339	317
95	11	8055	573671	54624								
214	65	9412	667894	64178	3	1	1	26	15	2	94	23
76	2	1259	90456	11284								
1808	737	7903	582150	68524						3	505	240
34	21	4102	307819	29057	6		1	44	20		8	5
137	2	1116	84660	8850								
17		1077	80535	9851								
106	5	8625	560725	64280	7	7		1	1	2	287	

使用《中国标准书号》各类图书的平均印数、平均印张、平均定价和平均印张定价

全 国

	平均印数（万册/种）			平均印张（印张/册）			平均定价（元/册）			平均印张定价（元/印张）		
	新版	重印	租型	新版	重印	租型	新版	重印	租型	新版	重印	租型
使用《标准书号》部分合计	**1.22**	**2.27**	**18.66**	**10.75**	**8.80**	**7.42**	**36.03**	**20.99**	**8.06**	**3.35**	**2.39**	**1.09**
A 马列主义、毛泽东思想	3.06	1.99		18.45	15.07		30.03	35.76		1.63	2.37	
B 哲学	0.62	1.09		13.49	13.39		67.92	44.68		5.04	3.34	
C 社会科学总论	0.45	0.75	0.50	14.17	14.95	6.30	65.83	46.48	29.80	4.65	3.11	4.73
D 政治、法律	3.62	1.49	49.15	13.43	13.19	5.99	32.79	34.56	6.67	2.44	2.62	1.11
E 军事	0.67	0.85		10.45	13.66		52.63	38.83		5.03	2.84	
F 经济	0.37	0.49	0.30	16.72	16.48	28.50	68.06	50.19	39.00	4.07	3.05	1.37
G 文化、科学、教育、体育	1.89	3.77	18.29	9.25	7.78	7.47	25.87	16.27	8.10	2.80	2.09	1.09
H 语言、文字	0.92	1.58		9.79	13.58		42.97	38.40		4.39	2.83	
I 文学	1.07	1.84		9.61	10.33		40.34	31.17		4.20	3.02	
J 艺术	0.63	0.96		8.46	9.28		54.29	36.00		6.42	3.88	
K 历史、地理	0.76	1.21	0.45	14.21	11.92	2.39	73.84	43.69	7.78	5.20	3.67	3.26
N 自然科学总论	1.38	0.80		6.78	17.84		46.00	86.66		6.78	4.86	
O 数理科学、化学	0.63	0.55		12.36	14.33		48.54	38.49		3.93	2.69	
P 天文学、地球科学	0.46	0.47		10.21	10.81		68.86	54.71		6.75	5.06	
Q 生物科学	0.74	0.72		8.33	12.65		53.46	46.39		6.42	3.67	
R 医药、卫生	0.48	0.56		13.69	17.98		58.83	53.38		4.30	2.97	
S 农业科学	0.21	0.35		13.01	11.83		74.09	35.36		5.69	2.99	
T 工业技术	0.34	0.31		16.06	17.19		67.68	48.48		4.21	2.82	
U 交通运输	0.28	0.35		13.83	13.43		63.43	42.69		4.59	3.18	
V 航空、航天	0.32	0.32		9.86	12.12		69.52	60.31		7.05	4.98	
X 环境科学	0.25	0.46		11.40	11.28		59.34	34.20		5.20	3.03	
Z 综合性图书	0.44	1.56		10.73	9.17		87.71	47.15		8.18	5.14	

使用《中国标准书号》各类图书的
平均印数、平均印张、平均定价和平均印张定价（续表1）

中　央

	平均印数（万册/种）			平均印张（印张/册）			平均定价（元/册）			平均印张定价（元/印张）		
	新版	重印	租型	新版	重印	租型	新版	重印	租型	新版	重印	租型
使用《标准书号》部分合计	1.18	1.80	6.54	12.66	10.42	6.96	41.15	23.37	6.55	3.25	2.24	0.94
A 马列主义、毛泽东思想	5.37	2.84		18.50	14.87		27.75	33.85		1.50	2.28	
B 哲学	0.63	1.08		13.38	14.16		65.72	45.25		4.91	3.20	
C 社会科学总论	0.45	0.72		15.05	16.23		65.51	49.13		4.35	3.03	
D 政治、法律	4.68	1.62		13.65	13.33		32.61	34.06		2.39	2.55	
E 军事	0.73	0.59		10.21	16.77		48.91	51.39		4.79	3.06	
F 经济	0.41	0.51		17.17	16.45		68.59	50.03		4.00	3.04	
G 文化、科学、教育、体育	1.71	5.72	6.54	9.36	8.07	6.96	27.17	13.62	6.55	2.90	1.69	0.94
H 语言、文字	1.05	1.87		9.37	14.33		45.10	37.60		4.82	2.62	
I 文学	1.02	1.96		9.93	14.54		41.85	35.76		4.22	2.46	
J 艺术	0.66	0.81		8.75	10.78		53.53	41.28		6.12	3.83	
K 历史、地理	1.19	1.16		14.44	12.96		64.87	47.51		4.49	3.67	
N 自然科学总论	0.64	0.57		13.88	30.52		82.85	162.95		5.97	5.34	
O 数理科学、化学	0.70	0.48		13.82	16.90		51.82	41.77		3.75	2.47	
P 天文学、地球科学	0.32	0.29		11.42	14.32		76.48	65.87		6.70	4.60	
Q 生物科学	0.62	0.54		10.95	16.46		64.89	54.28		5.93	3.30	
R 医药、卫生	0.39	0.55		19.43	19.98		80.86	56.67		4.16	2.84	
S 农业科学	0.20	0.30		14.22	13.51		79.49	39.04		5.59	2.89	
T 工业技术	0.38	0.30		17.10	17.70		68.71	48.96		4.02	2.77	
U 交通运输	0.29	0.33		14.55	13.79		64.85	40.51		4.46	2.94	
V 航空、航天	0.21	0.21		13.42	16.13		86.39	63.04		6.44	3.91	
X 环境科学	0.22	0.28		13.53	15.71		68.43	45.18		5.06	2.88	
Z 综合性图书	0.55	1.62		10.43	11.35		86.21	88.11		8.26	7.76	

使用《中国标准书号》各类图书的
平均印数、平均印张、平均定价和平均印张定价（续表2）

地　方

	平均印数（万册/种）			平均印张（印张/册）			平均定价（元/册）			平均印张定价（元/印张）		
	新版	重印	租型	新版	重印	租型	新版	重印	租型	新版	重印	租型
使用《标准书号》部分合计	**1.24**	**2.60**	**18.67**	**9.55**	**8.00**	**7.42**	**32.81**	**19.82**	**8.06**	**3.44**	**2.48**	**1.09**
A 马列主义、毛泽东思想	0.34	0.60		17.44	16.54		73.13	50.27		4.19	3.04	
B 哲学	0.60	1.10		13.62	12.29		70.61	43.86		5.18	3.57	
C 社会科学总论	0.45	0.82	0.50	12.97	12.32	6.30	66.27	41.03	29.80	5.11	3.33	4.73
D 政治、法律	1.00	1.08	49.15	10.88	12.52	5.99	34.84	36.82	6.67	3.20	2.94	1.11
E 军事	0.57	1.22		10.95	11.48		60.17	30.00		5.49	2.61	
F 经济	0.30	0.44	0.30	15.55	16.60	28.50	66.66	50.75	39.00	4.29	3.06	1.37
G 文化、科学、教育、体育	1.93	3.33	18.30	9.23	7.67	7.47	25.60	17.30	8.10	2.77	2.26	1.09
H 语言、文字	0.80	1.17		10.29	11.91		40.45	40.20		3.93	3.38	
I 文学	1.09	1.79		9.50	8.63		39.79	29.33		4.19	3.40	
J 艺术	0.61	1.06		8.32	8.49		54.65	33.20		6.57	3.91	
K 历史、地理	0.50	1.27	0.45	13.89	10.97	2.39	86.67	40.19	7.78	6.24	3.66	3.26
N 自然科学总论	1.99	1.12		4.90	9.24		36.22	34.88		7.39	3.78	
O 数理科学、化学	0.52	0.74		9.55	9.29		42.23	32.08		4.42	3.45	
P 天文学、地球科学	0.68	0.76		9.33	8.69		63.40	47.98		6.79	5.52	
Q 生物科学	0.84	1.05		6.78	9.10		46.75	39.05		6.89	4.29	
R 医药、卫生	0.58	0.60		9.31	13.06		42.04	45.30		4.51	3.47	
S 农业科学	0.22	0.48		11.43	8.54		67.01	28.15		5.86	3.30	
T 工业技术	0.27	0.35		13.34	14.86		64.97	46.26		4.87	3.11	
U 交通运输	0.25	0.38		12.26	12.39		60.33	48.91		4.92	3.95	
V 航空、航天	0.68	0.61		6.16	8.43		51.96	57.81		8.44	6.86	
X 环境科学	0.31	1.16		8.61	6.98		47.43	23.54		5.51	3.37	
Z 综合性图书	0.39	1.54		10.90	8.25		88.58	29.75		8.13	3.61	

各地区使用《中国标准书号》各类图书的平均印数、平均印张、平均定价和平均印张定价

使用《标准书号》部分合计

	平均印数（万册/种）			平均印张（印张/册）			平均定价（元/册）			平均印张定价（元/印张）		
	新版	重印	租型	新版	重印	租型	新版	重印	租型	新版	重印	租型
全国总计	1.22	2.27	18.66	10.75	8.80	7.42	36.03	20.99	8.06	3.35	2.39	1.09
中　央	1.18	1.80	6.54	12.66	10.42	6.96	41.15	23.37	6.55	3.25	2.24	0.94
地　方	1.24	2.60	18.67	9.55	8.00	7.42	32.81	19.82	8.06	3.44	2.48	1.09
北　京	1.50	3.39	10.35	9.94	7.82	8.32	56.08	24.03	7.94	5.64	3.07	0.95
天　津	0.72	1.42	7.09	9.04	9.31	7.61	42.83	31.37	7.74	4.74	3.37	1.02
河　北	1.26	2.89	24.84	10.82	8.18	8.48	35.08	20.04	8.77	3.24	2.45	1.03
山　西	1.81	3.17	16.58	15.08	7.17	7.91	26.98	14.45	8.27	1.79	2.01	1.05
内蒙古	0.41	1.22	10.40	12.78	7.29	7.94	41.17	10.94	8.17	3.22	1.50	1.03
辽　宁	0.92	1.75	16.46	9.76	9.01	8.16	36.93	22.85	9.52	3.78	2.54	1.17
吉　林	0.72	1.17	6.47	9.66	8.98	8.43	37.02	28.83	8.95	3.83	3.21	1.06
黑龙江	0.24	1.30	8.06	10.82	9.88	8.26	40.78	25.30	9.09	3.77	2.56	1.10
上　海	1.12	2.00	13.78	8.70	8.66	7.67	42.17	26.34	11.38	4.85	3.04	1.48
江　苏	1.32	2.91	29.67	8.75	7.88	7.48	29.01	17.76	7.78	3.32	2.25	1.04
浙　江	1.68	2.91	25.84	8.99	7.51	6.80	30.81	18.45	7.60	3.43	2.46	1.12
安　徽	1.12	2.47	15.60	11.33	7.97	7.61	36.51	18.44	9.80	3.22	2.31	1.29
福　建	1.03	3.28	22.46	9.03	8.27	7.20	34.72	18.79	7.62	3.85	2.27	1.06
江　西	1.33	2.89	34.45	8.10	6.16	7.94	29.07	18.65	7.94	3.59	3.03	1.00
山　东	1.69	2.83	23.35	8.45	7.34	7.18	28.14	15.38	8.68	3.33	2.10	1.21
河　南	1.57	3.84	44.37	8.06	6.57	7.52	20.27	10.59	7.26	2.52	1.61	0.97
湖　北	0.92	2.19	19.07	9.34	6.63	7.63	30.86	20.09	8.69	3.30	3.03	1.14
湖　南	2.01	4.46	28.29	11.36	8.61	6.70	32.34	18.35	7.88	2.85	2.13	1.18
广　东	2.38	4.21	96.33	8.78	7.67	7.30	20.60	16.76	7.32	2.35	2.19	1.00
广　西	1.70	4.41	19.53	8.54	7.27	7.63	26.01	12.73	7.77	3.05	1.75	1.02
海　南	1.08	1.59	7.63	10.08	8.40	6.49	28.10	20.21	7.02	2.79	2.41	1.08
重　庆	1.00	2.34	12.36	7.45	7.38	7.59	28.55	15.99	8.66	3.83	2.17	1.14
四　川	1.16	2.94	24.29	7.69	8.09	6.77	31.08	18.20	7.24	4.04	2.25	1.07
贵　州	1.21	5.98	16.24	6.85	4.96	7.24	33.32	15.02	8.65	4.86	3.03	1.20
云　南	1.50	2.44	22.04	9.55	8.30	7.87	23.39	19.46	7.38	2.45	2.35	0.94
西　藏	0.43	1.42	4.06	13.09	7.44	7.03	47.49	12.31	8.74	3.63	1.65	1.24
陕　西	0.70	1.75	11.81	12.03	10.64	7.14	42.46	31.35	7.02	3.53	2.95	0.98
甘　肃	1.58	1.70	14.61	8.77	6.91	7.39	25.08	19.97	7.35	2.86	2.89	0.99
青　海	0.28	1.11	4.05	15.68	11.03	7.37	69.87	11.97	8.18	4.46	1.09	1.11
宁　夏	1.82	1.74	5.36	11.83	11.79	7.55	29.69	35.02	9.26	2.51	2.97	1.23
新　疆	1.92	4.63	14.90	16.32	12.88	6.46	40.90	33.51	7.31	2.51	2.60	1.13
兵　团	1.72	0.40		12.98	17.76		42.90	47.58		3.30	2.68	

各地区使用《中国标准书号》各类图书的平均印数、平均印张、平均定价和平均印张定价（续表1）

A 马克思主义、列宁主义、毛泽东思想

	平均印数（万册/种） 新版	重印	租型	平均印张（印张/册） 新版	重印	租型	平均定价（元/册） 新版	重印	租型	平均印张定价（元/印张） 新版	重印	租型
全国总计	3.06	1.99		18.45	15.07		30.03	35.76		1.63	2.37	
中 央	5.37	2.84		18.50	14.87		27.75	33.85		1.50	2.28	
地 方	0.34	0.60		17.44	16.54		73.13	50.27		4.19	3.04	
北 京	0.07	1.01		21.58	25.39		213.33	52.06		9.89	2.05	
天 津	0.24	0.65		13.30	7.23		53.59	53.38		4.03	7.38	
河 北	0.10			17.53			49.77			2.84		
山 西	0.50	0.30		13.97	8.25		39.00	25.00		2.79	3.03	
内 蒙 古	0.10			14.04			58.00			4.13		
辽 宁	0.29	0.40		22.03	18.53		96.25	59.17		4.37	3.19	
吉 林	0.09	0.53		13.78	10.17		71.22	36.12		5.17	3.55	
黑 龙 江	0.12	0.05		16.63	17.75		51.00	34.00		3.07	1.92	
上 海	0.23	0.34		22.32	12.04		148.94	51.60		6.67	4.29	
江 苏	0.27	0.45		15.77	15.85		53.44	48.03		3.39	3.03	
浙 江	0.26	0.96		20.33	8.43		105.00	33.58		5.16	3.98	
安 徽	0.04			15.82			47.61			3.01		
福 建	0.06	0.32		19.96	24.93		98.00	85.65		4.91	3.44	
江 西	0.30			17.10			63.17			3.69		
山 东	0.22	0.20		13.85	15.62		59.52	51.37		4.30	3.29	
河 南	0.23	0.47		15.36	14.65		52.31	34.12		3.41	2.33	
湖 北	0.07	1.76		15.59	11.37		63.28	28.76		4.06	2.53	
湖 南	2.37	0.77		5.77	24.98		37.04	75.56		6.42	3.02	
广 东	0.04	0.19		17.13	6.43		65.20	26.89		3.81	4.18	
广 西	1.48	4.01		14.54	23.88		53.59	77.63		3.68	3.25	
海 南												
重 庆	0.22	1.39		18.89	20.82		80.45	59.98		4.26	2.88	
四 川	0.66	0.83		24.99	25.01		64.33	55.29		2.57	2.21	
贵 州		0.12			9.71			27.00			2.78	
云 南	0.14			16.56			68.16			4.12		
西 藏		0.20			13.57			30.00			2.21	
陕 西	0.04	0.28		18.21	33.53		49.10	102.17		2.70	3.05	
甘 肃	0.20			18.25			58.00			3.18		
青 海	1.10			15.75			48.00			3.05		
宁 夏												
新 疆	0.15	0.30		8.17	8.97		20.20	30.00		2.47	3.34	
兵 团												

各地区使用《中国标准书号》各类图书的平均印数、平均印张、平均定价和平均印张定价（续表2）

B 哲 学

	平均印数（万册/种）			平均印张（印张/册）			平均定价（元/册）			平均印张定价（元/印张）		
	新版	重印	租型	新版	重印	租型	新版	重印	租型	新版	重印	租型
全国总计	0.62	1.09		13.49	13.39		67.92	44.68		5.04	3.34	
中 央	0.63	1.08		13.38	14.16		65.72	45.25		4.91	3.20	
地 方	0.60	1.10		13.62	12.29		70.61	43.86		5.18	3.57	
北 京	1.37	1.69		14.44	14.50		94.54	48.33		6.55	3.33	
天 津	0.97	5.03		8.25	8.17		40.52	39.08		4.91	4.79	
河 北	0.24			14.23			59.63			4.19		
山 西	0.32	0.60		17.47	11.75		58.07	56.62		3.32	4.82	
内 蒙 古	0.31	0.44		14.46	16.07		52.68	37.07		3.64	2.31	
辽 宁	0.53	0.63		10.30	25.03		71.13	50.43		6.90	2.01	
吉 林	0.26	1.18		14.03	9.94		73.29	36.40		5.22	3.66	
黑 龙 江	0.27	0.64		8.71	12.75		45.78	74.41		5.26	5.84	
上 海	0.39	0.45		16.05	15.50		74.22	50.42		4.62	3.25	
江 苏	0.58	0.90		14.61	12.94		69.75	42.29		4.77	3.27	
浙 江	0.54	1.24		11.84	14.05		65.79	53.01		5.56	3.77	
安 徽	0.29	0.23		17.53	15.17		65.97	38.09		3.76	2.51	
福 建	0.47	1.10		14.48	12.63		53.66	24.54		3.71	1.94	
江 西	0.39	2.90		15.17	9.67		74.63	37.11		4.92	3.84	
山 东	0.34	0.56		14.06	11.56		61.57	37.69		4.38	3.26	
河 南	0.26	0.76		21.01	10.55		126.56	28.48		6.02	2.70	
湖 北	0.34	0.56		13.61	10.86		53.82	30.84		3.95	2.84	
湖 南	1.39	2.65		11.35	12.26		54.27	39.16		4.78	3.19	
广 东	0.78	0.48		10.92	16.54		50.50	53.43		4.62	3.23	
广 西	1.10	1.29		9.81	7.76		43.22	37.31		4.40	4.81	
海 南	0.90	2.14		11.66	12.21		78.41	39.08		6.72	3.26	
重 庆	0.25	0.45		18.88	34.91		106.75	77.65		5.65	2.22	
四 川	0.72	1.87		16.04	13.06		75.50	54.02		4.71	4.14	
贵 州	0.24	0.94		20.40	6.01		98.96	36.52		4.85	6.07	
云 南	0.37	0.23		14.46	7.92		92.28	24.14		6.38	3.05	
西 藏	0.34	0.32		21.80	19.60		70.87	34.72		3.25	1.77	
陕 西	0.24	0.72		19.28	13.74		101.12	104.34		5.25	7.60	
甘 肃	0.61	0.08		21.92	16.36		222.17	56.34		10.13	3.44	
青 海	0.34	0.32		17.83	12.83		60.97	41.05		3.42	3.20	
宁 夏	0.10			26.50			58.00			2.19		
新 疆	0.76	3.08		7.32	6.83		25.34	18.69		3.46	2.74	
兵 团												

各地区使用《中国标准书号》各类图书的平均印数、平均印张、平均定价和平均印张定价（续表3）

C 社会科学总论

	平均印数（万册/种）			平均印张（印张/册）			平均定价（元/册）			平均印张定价（元/印张）		
	新版	重印	租型	新版	重印	租型	新版	重印	租型	新版	重印	租型
全国总计	0.45	0.75	0.50	14.17	14.95	6.30	65.83	46.48	29.80	4.65	3.11	4.73
中 央	0.45	0.72		15.05	16.23		65.51	49.13		4.35	3.03	
地 方	0.45	0.82	0.50	12.97	12.32	6.30	66.27	41.03	29.80	5.11	3.33	4.73
北 京	1.16	0.74		9.90	13.59		66.26	44.66		6.69	3.29	
天 津	0.49	0.79		10.94	14.30		53.97	46.55		4.93	3.26	
河 北	0.21	0.26		14.92	11.32		72.08	50.24		4.83	4.44	
山 西	0.13	0.31		22.84	15.00		125.38	56.00		5.49	3.73	
内蒙古	0.09			21.57			152.54			7.07		
辽 宁	0.30	0.33		15.67	16.04		71.30	39.51		4.55	2.46	
吉 林	0.37	2.62	0.50	11.57	10.28	6.30	61.11	36.33	29.80	5.28	3.53	4.73
黑龙江	0.16	0.17		12.56	21.75		51.45	44.79		4.10	2.06	
上 海	0.44	0.54		13.98	16.29		66.83	52.19		4.78	3.20	
江 苏	0.64	0.84		12.25	11.97		89.66	37.86		7.32	3.16	
浙 江	0.55	0.46		13.98	15.23		69.71	56.00		4.99	3.68	
安 徽	0.17	0.43		16.84	23.20		50.03	75.62		2.97	3.26	
福 建	0.19	0.27		18.46	22.22		78.10	50.03		4.23	2.25	
江 西	0.19	3.15		16.33	9.43		67.65	37.23		4.14	3.95	
山 东	0.29	2.75		13.28	11.75		46.32	37.43		3.49	3.19	
河 南	0.53	0.31		9.92	12.23		43.72	39.64		4.41	3.24	
湖 北	0.27	0.84		16.54	9.05		57.11	27.72		3.45	3.06	
湖 南	1.03	1.75		10.06	9.57		52.56	34.73		5.22	3.63	
广 东	0.31	0.25		14.17	15.71		78.83	41.84		5.56	2.66	
广 西	0.50	1.28		12.74	5.90		59.93	35.43		4.70	6.01	
海 南	0.13	2.95		22.25	10.92		39.00	30.82		1.75	2.82	
重 庆	0.30	0.28		22.65	16.44		101.15	48.35		4.47	2.94	
四 川	0.34	0.89		12.94	10.56		60.62	35.87		4.69	3.40	
贵 州	0.13			24.99			86.94			3.48		
云 南	0.25	1.18		11.57	10.53		48.72	30.73		4.21	2.92	
西 藏	0.10	0.10		15.00	30.42		38.00	47.33		2.53	1.56	
陕 西	0.17	0.22		12.45	17.33		48.99	57.40		3.94	3.31	
甘 肃	0.45			17.37			56.15			3.23		
青 海	0.26			25.98			108.08			4.16		
宁 夏	0.05			41.75			128.00			3.07		
新 疆	0.22	1.50		6.42	9.92		55.45	30.00		8.64	3.02	
兵 团	0.21			9.55			41.75			4.37		

各地区使用《中国标准书号》各类图书的平均印数、平均印张、平均定价和平均印张定价（续表4）

D 政治、法律

	平均印数（万册/种）			平均印张（印张/册）			平均定价（元/册）			平均印张定价（元/印张）		
	新版	重印	租型	新版	重印	租型	新版	重印	租型	新版	重印	租型
全国总计	3.62	1.49	49.15	13.43	13.19	5.99	32.79	34.56	6.67	2.44	2.62	1.11
中　　央	4.68	1.62		13.65	13.33		32.61	34.06		2.39	2.55	
地　　方	1.00	1.08	49.15	10.88	12.52	5.99	34.84	36.82	6.67	3.20	2.94	1.11
北　　京	1.13	1.11	14.90	18.18	12.41	5.75	91.12	33.50	5.71	5.01	2.70	0.99
天　　津	0.25	0.61	11.97	14.43	13.98	6.03	76.75	49.91	5.95	5.32	3.57	0.99
河　　北	0.31	0.15	110.33	18.32	15.35	6.00	66.11	39.45	6.01	3.61	2.57	1.00
山　　西	0.80	0.68	41.73	8.61	12.41	6.15	37.37	36.93	6.43	4.34	2.97	1.04
内 蒙 古	0.15	0.42	23.03	20.95	5.47	5.98	94.37	20.57	6.14	4.51	3.76	1.03
辽　　宁	0.35	0.42	33.88	17.17	17.49	6.99	57.54	43.67	6.37	3.35	2.50	0.91
吉　　林	0.13	0.38	20.16	15.47	9.33	7.28	64.96	36.09	6.38	4.20	3.87	0.88
黑 龙 江	0.12	0.16	22.44	14.71	18.08	6.16	50.35	47.98	6.58	3.42	2.65	1.07
上　　海	0.60	0.70	15.36	11.70	19.74	5.81	47.58	73.04	5.91	4.07	3.70	1.02
江　　苏	1.00	0.67	85.69	11.36	13.79	5.83	39.10	42.76	6.06	3.44	3.10	1.04
浙　　江	1.57	0.77	19.01	9.46	14.39	5.98	36.51	39.83	8.11	3.86	2.77	1.36
安　　徽	0.23	0.89	77.18	15.64	6.87	6.02	54.56	18.01	12.70	3.49	2.62	2.11
福　　建	0.57	0.43	41.81	8.75	13.17	5.98	40.06	38.15	8.39	4.58	2.90	1.40
江　　西	1.47	8.08	64.81	13.31	8.43	5.99	34.08	22.11	6.20	2.56	2.62	1.04
山　　东	0.57	2.15	60.80	21.22	14.35	5.96	66.47	38.34	7.46	3.13	2.67	1.25
河　　南	0.50	0.39	132.52	13.80	11.92	5.75	49.82	39.86	5.82	3.61	3.34	1.01
湖　　北	0.34	0.53	59.89	15.01	14.73	5.99	66.80	34.76	6.14	4.45	2.36	1.03
湖　　南	5.99	0.82	88.78	5.90	12.56	6.08	21.55	39.62	6.53	3.65	3.15	1.07
广　　东	0.57	4.04	159.11	16.97	7.72	5.82	53.92	18.15	5.92	3.18	2.35	1.02
广　　西	2.42	1.33	79.25	11.45	13.13	6.34	26.65	42.82	5.80	2.33	3.26	0.92
海　　南	0.43		12.76	14.20		5.79	49.62		5.78	3.49	2.11	1.00
重　　庆	0.85	0.64	36.96	11.87	16.27	6.19	44.98	41.84	5.84	3.79	2.57	0.94
四　　川	0.54	0.80	100.23	19.07	19.88	6.03	51.79	49.65	7.47	2.72	2.50	1.24
贵　　州	0.44	0.81	62.73	15.68	9.58	5.95	54.38	50.36	5.59	3.47	5.26	0.94
云　　南	0.28	1.61	60.28	17.85	13.45	5.95	78.65	43.07	5.64	4.41	3.20	0.95
西　　藏	0.70	2.34	5.98	8.62	9.71	5.94	36.48	19.94	7.81	4.23	2.05	1.32
陕　　西	2.61	1.57	42.80	7.84	9.16	5.78	10.99	29.85	5.50	1.40	3.26	0.95
甘　　肃	0.14	0.09	30.79	17.25	12.40	5.92	57.24	28.89	5.62	3.32	2.33	0.95
青　　海	0.21		7.71	19.66		5.88	116.94		6.05	5.95		1.03
宁　　夏	0.18	6.24	9.69	19.55	10.30	6.04	81.89	17.54	6.65	4.19	1.70	1.10
新　　疆	11.81	2.34	33.49	7.35	9.82	5.83	2.19	25.28	6.11	0.30	2.57	1.05
兵　　团	0.13			21.15			63.00			2.98		

各地区使用《中国标准书号》各类图书的平均印数、平均印张、平均定价和平均印张定价（续表5）

E 军 事

	平均印数（万册/种）			平均印张（印张/册）			平均定价（元/册）			平均印张定价（元/印张）		
	新版	重印	租型	新版	重印	租型	新版	重印	租型	新版	重印	租型
全国总计	**0.67**	**0.85**		**10.45**	**13.66**		**52.63**	**38.83**		**5.03**	**2.84**	
中　央	**0.73**	**0.59**		**10.21**	**16.77**		**48.91**	**51.39**		**4.79**	**3.06**	
地　方	**0.57**	**1.22**		**10.95**	**11.48**		**60.17**	**30.00**		**5.49**	**2.61**	
北　京	3.02	4.25		4.53	10.08		50.10	28.27		11.06	2.80	
天　津	6.00	0.35		4.50	9.01		52.67	41.08		11.70	4.56	
河　北	0.05	1.80		19.51	7.00		84.00	18.00		4.31	2.57	
山　西	0.10	0.50		12.88	10.00		68.00	27.30		5.28	2.73	
内 蒙 古	0.20			9.50			60.00			6.32		
辽　宁	0.44	0.43		15.03	12.29		94.19	35.22		6.27	2.87	
吉　林	0.45	0.57		12.77	9.38		58.44	40.52		4.58	4.32	
黑 龙 江	0.09	0.35		16.93	10.13		133.24	32.65		7.87	3.22	
上　海	0.32	0.66		16.56	15.81		84.45	39.99		5.10	2.53	
江　苏	0.96	3.66		13.83	11.86		57.83	26.43		4.18	2.23	
浙　江	0.63	2.29		12.58	7.84		42.04	26.16		3.34	3.34	
安　徽	0.28	5.51		17.70	7.21		55.86	10.21		3.16	1.42	
福　建		1.91			23.06			38.03			1.65	
江　西	0.09	0.74		13.39	12.94		46.17	24.28		3.45	1.88	
山　东	0.25	0.38		14.95	12.26		69.12	40.90		4.62	3.34	
河　南	0.10	2.07		22.42	8.57		142.73	16.64		6.37	1.94	
湖　北	0.26	0.43		18.73	12.83		90.07	40.53		4.81	3.16	
湖　南	0.68	1.16		16.90	14.68		84.19	38.75		4.98	2.64	
广　东	0.58	0.61		16.02	19.50		51.31	44.18		3.20	2.27	
广　西	0.97	1.14		15.38	10.92		76.30	28.61		4.96	2.62	
海　南	0.12	0.10		18.91	10.74		85.97	58.00		4.55	5.40	
重　庆	0.43	0.41		11.02	16.98		51.63	44.56		4.69	2.62	
四　川	0.55	1.10		9.55	12.11		35.71	31.85		3.74	2.63	
贵　州	0.07	5.10		25.18	4.37		114.00	21.88		4.53	5.00	
云　南	3.53	0.50		4.11	4.00		0.49	24.80		0.12	6.20	
西　藏	0.20			31.25			98.00			3.14		
陕　西	0.22	0.76		12.34	17.45		47.36	40.95		3.84	2.35	
甘　肃	0.10			36.25			380.00			10.48		
青　海												
宁　夏												
新　疆												
兵　团		0.20			25.75			58.00			2.25	

各地区使用《中国标准书号》各类图书的平均印数、平均印张、平均定价和平均印张定价（续表6）

F 经 济

	平均印数（万册/种）			平均印张（印张/册）			平均定价（元/册）			平均印张定价（元/印张）		
	新版	重印	租型	新版	重印	租型	新版	重印	租型	新版	重印	租型
全国总计	0.37	0.49	0.30	16.72	16.48	28.50	68.06	50.19	39.00	4.07	3.05	1.37
中　　央	0.41	0.51		17.17	16.45		68.59	50.03		4.00	3.04	
地　　方	0.30	0.44	0.30	15.55	16.60	28.50	66.66	50.75	39.00	4.29	3.06	1.37
北　　京	0.85	0.37		12.47	13.72		57.14	41.99		4.58	3.06	
天　　津	0.22	0.65		14.00	13.55		63.65	50.33		4.55	3.72	
河　　北	0.11	0.19		20.58	22.00		119.52	80.00		5.81	3.64	
山　　西	0.19	0.61		16.25	17.88		97.95	83.16		6.03	4.65	
内　蒙　古	0.17			17.84			87.27			4.89		
辽　　宁	0.24	0.40		15.36	18.64		59.69	42.03		3.89	2.25	
吉　　林	0.20	0.37		12.51	10.98		55.75	34.55		4.46	3.15	
黑　龙　江	0.07	0.13		14.14	16.80		56.58	58.57		4.00	3.49	
上　　海	0.37	0.47	0.30	18.56	20.26	28.50	71.12	55.39	39.00	3.83	2.73	1.37
江　　苏	0.22	0.28		16.19	14.21		66.51	41.08		4.11	2.89	
浙　　江	0.36	0.91		12.56	16.63		65.38	83.74		5.21	5.04	
安　　徽	0.18	0.33		16.01	12.68		60.74	34.12		3.79	2.69	
福　　建	0.22	0.42		17.72	25.85		73.91	152.94		4.17	5.92	
江　　西	0.33	1.99		16.47	8.98		94.12	35.99		5.72	4.01	
山　　东	0.37	0.26		16.47	16.02		62.89	40.74		3.82	2.54	
河　　南	0.27	0.35		17.27	12.73		90.10	37.15		5.22	2.92	
湖　　北	0.14	0.21		15.64	16.86		66.86	48.67		4.28	2.89	
湖　　南	0.59	0.33		17.29	17.35		68.19	46.36		3.94	2.67	
广　　东	0.47	0.68		13.97	11.97		73.29	43.14		5.25	3.60	
广　　西	0.51	0.43		12.71	13.31		61.42	66.93		4.83	5.03	
海　　南	0.36	2.09		12.26	12.47		62.38	47.38		5.09	3.80	
重　　庆	0.18	0.25		17.43	16.89		72.07	43.55		4.14	2.58	
四　　川	0.26	0.41		14.93	13.12		57.33	42.47		3.84	3.24	
贵　　州	0.23	0.11		18.99	18.22		91.43	58.00		4.82	3.18	
云　　南	0.17	0.06		16.02	14.56		72.56	47.44		4.53	3.26	
西　　藏	0.14			24.83			72.57			2.92		
陕　　西	0.16	0.20		16.95	18.40		61.03	51.80		3.60	2.81	
甘　　肃	0.27			15.61			53.58			3.43		
青　　海	0.55			19.92			70.91			3.56		
宁　　夏	0.15			17.29			79.98			4.63		
新　　疆	0.24	0.49		19.69	16.22		105.72	36.04		5.37	2.22	
兵　　团	0.12	0.25		17.29	10.25		186.07	36.00		10.76	3.51	

各地区使用《中国标准书号》各类图书的平均印数、平均印张、平均定价和平均印张定价（续表7）

G 文化、科学、教育、体育

	平均印数（万册/种）			平均印张（印张/册）			平均定价（元/册）			平均印张定价（元/印张）		
	新版	重印	租型	新版	重印	租型	新版	重印	租型	新版	重印	租型
全国总计	1.89	3.77	18.29	9.25	7.78	7.47	25.87	16.27	8.10	2.80	2.09	1.09
中央	1.71	5.72	6.54	9.36	8.07	6.96	27.17	13.62	6.55	2.90	1.69	0.94
地方	1.93	3.33	18.30	9.23	7.67	7.47	25.60	17.30	8.10	2.77	2.26	1.09
北京	1.73	4.27	10.24	9.05	6.99	8.42	47.91	20.70	8.02	5.29	2.96	0.95
天津	1.06	1.52	6.99	9.11	9.17	7.67	40.19	28.72	7.80	4.41	3.13	1.02
河北	1.84	2.99	24.11	10.39	8.45	8.57	30.75	19.43	8.88	2.96	2.30	1.04
山西	3.32	4.07	16.17	15.17	6.85	7.98	21.93	12.98	8.35	1.45	1.90	1.05
内蒙古	1.01	1.41	10.25	10.02	7.02	8.00	17.34	9.82	8.23	1.73	1.40	1.03
辽宁	1.56	2.82	16.15	9.45	8.40	8.21	28.94	20.69	9.64	3.06	2.46	1.17
吉林	0.83	1.28	6.42	10.90	8.92	8.45	38.86	28.15	8.99	3.56	3.16	1.06
黑龙江	0.37	1.89	7.93	9.93	9.77	8.31	31.28	23.60	9.16	3.15	2.42	1.10
上海	1.99	3.55	13.91	7.43	7.13	7.83	35.76	19.84	11.84	4.81	2.78	1.51
江苏	2.20	3.72	29.14	7.42	7.53	7.53	19.28	15.89	7.83	2.60	2.11	1.04
浙江	2.90	3.99	26.10	8.77	6.96	6.83	23.95	15.08	7.58	2.73	2.17	1.11
安徽	1.56	2.96	15.28	11.77	7.91	7.65	32.61	16.97	9.72	2.77	2.14	1.27
福建	1.59	4.34	21.92	9.24	8.09	7.27	25.20	16.50	7.58	2.73	2.04	1.04
江西	1.40	3.00	33.91	8.74	6.05	8.01	26.53	16.35	7.99	3.03	2.70	1.00
山东	2.53	3.15	22.94	8.20	7.24	7.22	19.96	13.20	8.72	2.43	1.82	1.21
河南	3.17	4.94	43.22	7.32	6.52	7.59	13.11	9.44	7.32	1.79	1.45	0.96
湖北	1.49	2.90	18.66	8.71	5.88	7.69	24.72	17.91	8.78	2.84	3.05	1.14
湖南	3.03	5.90	27.72	11.40	8.03	6.71	25.50	16.07	7.92	2.24	2.00	1.18
广东	4.62	5.59	94.30	8.04	7.41	7.39	13.47	15.23	7.40	1.68	2.06	1.00
广西	3.75	6.82	19.07	7.69	7.34	7.67	13.73	10.11	7.83	1.79	1.38	1.02
海南	1.21	1.56	7.55	9.54	7.32	6.50	23.15	15.12	7.06	2.43	2.06	1.08
重庆	2.12	3.75	12.05	5.19	6.87	7.64	15.18	13.58	8.77	2.93	1.98	1.15
四川	1.66	4.46	23.54	6.84	7.95	6.80	24.39	14.15	7.23	3.57	1.78	1.06
贵州	1.83	5.54	15.92	8.18	6.82	7.27	24.30	12.12	8.74	2.97	1.78	1.20
云南	2.90	2.67	21.60	9.30	8.27	7.93	16.76	18.11	7.43	1.80	2.19	0.94
西藏	0.69	2.40	4.03	12.16	6.52	7.05	33.25	9.46	8.76	2.73	1.45	1.24
陕西	1.13	2.08	11.57	11.94	10.60	7.18	38.17	29.61	7.07	3.20	2.79	0.98
甘肃	2.60	1.91	14.37	7.62	6.83	7.44	16.25	17.82	7.40	2.13	2.61	1.00
青海	0.27	1.26	3.99	12.07	11.03	7.42	43.93	10.69	8.25	3.64	0.97	1.11
宁夏	2.05	1.68	5.27	10.42	11.49	7.61	28.21	35.55	9.36	2.71	3.09	1.23
新疆	2.57	5.40	14.79	18.01	13.08	6.47	46.09	34.09	7.33	2.56	2.61	1.13
兵团	2.49	0.25		14.15	2.72		41.63	12.80		2.94	4.71	

各地区使用《中国标准书号》各类图书的平均印数、平均印张、平均定价和平均印张定价（续表8）

H 语言、文字

	平均印数（万册/种）			平均印张（印张/册）			平均定价（元/册）			平均印张定价（元/印张）		
	新版	重印	租型	新版	重印	租型	新版	重印	租型	新版	重印	租型
全国总计	0.92	1.58		9.79	13.58		42.97	38.40		4.39	2.83	
中　央	1.05	1.87		9.37	14.33		45.10	37.60		4.82	2.62	
地　方	0.80	1.17		10.29	11.91		40.45	40.20		3.93	3.38	
北　京	1.52	2.13		9.52	9.50		44.50	29.56		4.67	3.11	
天　津	0.33	0.40		8.50	11.62		47.05	34.21		5.53	2.95	
河　北	0.23	9.75		7.01	1.58		32.24	10.52		4.60	6.66	
山　西	0.11	1.64		12.91	27.65		59.63	76.80		4.62	2.78	
内　蒙　古	0.16	0.51		20.82	20.83		108.52	35.06		5.21	1.68	
辽　宁	0.52	0.52		9.38	12.29		46.44	36.67		4.95	2.98	
吉　林	0.42	0.88		7.86	9.50		35.23	33.82		4.48	3.56	
黑　龙　江	0.07	0.42		15.09	13.17		52.47	42.42		3.48	3.22	
上　海	1.04	1.40		12.73	14.38		47.49	52.72		3.73	3.67	
江　苏	0.56	0.79		13.90	11.17		50.78	36.88		3.65	3.30	
浙　江	3.21	1.14		6.77	8.92		19.44	28.60		2.87	3.21	
安　徽	0.25	0.37		17.39	11.58		82.31	32.05		4.73	2.77	
福　建	0.31	0.74		15.48	6.39		64.11	44.18		4.14	6.91	
江　西	2.34	1.60		3.33	5.46		14.02	15.40		4.20	2.82	
山　东	0.64	0.90		9.63	10.73		38.45	33.75		3.99	3.14	
河　南	0.47	0.47		10.05	15.36		40.52	28.65		4.03	1.87	
湖　北	0.25	0.64		18.97	14.28		70.94	31.26		3.74	2.19	
湖　南	0.80	1.92		13.06	16.07		44.21	30.15		3.39	1.88	
广　东	0.97	0.63		9.04	13.99		45.43	36.34		5.02	2.60	
广　西	0.52	0.68		23.58	13.65		134.54	38.95		5.71	2.85	
海　南	0.17	5.15		11.09	22.64		48.83	35.82		4.40	1.58	
重　庆	0.39	0.26		12.83	14.71		48.97	42.20		3.82	2.87	
四　川	0.99	0.94		10.15	10.33		41.10	33.73		4.05	3.26	
贵　州	1.78	6.50		5.77	11.08		35.20	25.39		6.10	2.29	
云　南	0.29	0.77		14.73	10.14		63.07	36.84		4.28	3.63	
西　藏	0.51	0.73		10.47	18.57		18.76	26.67		1.79	1.44	
陕　西	0.22	0.49		12.47	13.50		54.56	61.84		4.38	4.58	
甘　肃	0.18	0.30		25.20	11.26		77.55	41.48		3.08	3.68	
青　海	0.24	0.33		13.39	8.22		36.21	30.77		2.70	3.74	
宁　夏	0.71	1.00		3.76	5.67		24.27	43.50		6.46	7.68	
新　疆	0.39	3.39		12.38	8.81		34.24	20.29		2.77	2.30	
兵　团												

各地区使用《中国标准书号》各类图书的平均印数、平均印张、平均定价和平均印张定价（续表9）

I 文 学

	平均印数（万册/种）			平均印张（印张/册）			平均定价（元/册）			平均印张定价（元/印张）		
	新版	重印	租型	新版	重印	租型	新版	重印	租型	新版	重印	租型
全国总计	1.07	1.84		9.61	10.33		40.34	31.17		4.20	3.02	
中　央	1.02	1.96		9.93	14.54		41.85	35.76		4.22	2.46	
地　方	1.09	1.79		9.50	8.63		39.79	29.33		4.19	3.40	
北　京	1.93	3.05		9.53	8.67		44.81	28.34		4.70	3.27	
天　津	0.79	1.96		8.70	9.03		40.00	32.11		4.60	3.55	
河　北	0.70	1.87		9.03	4.83		42.63	35.71		4.72	7.39	
山　西	0.38	0.53		12.53	11.16		48.40	36.60		3.86	3.28	
内 蒙 古	0.29	0.31		13.65	9.55		44.39	26.97		3.25	2.83	
辽　宁	0.91	1.27		6.77	8.43		33.49	23.11		4.95	2.74	
吉　林	0.88	0.75		6.96	10.55		28.18	31.33		4.05	2.97	
黑 龙 江	0.41	0.70		8.03	10.11		38.61	35.57		4.81	3.52	
上　海	0.96	1.02		8.58	12.06		44.91	42.27		5.24	3.51	
江　苏	0.99	1.51		11.87	10.99		46.03	32.06		3.88	2.92	
浙　江	0.89	1.78		9.87	10.41		43.07	33.95		4.36	3.26	
安　徽	1.14	1.30		9.48	8.14		36.78	26.02		3.88	3.20	
福　建	1.43	1.38		5.85	8.80		32.35	31.27		5.53	3.56	
江　西	1.43	2.31		6.13	4.60		28.42	20.65		4.64	4.48	
山　东	1.38	1.91		7.44	7.52		38.09	29.99		5.12	3.99	
河　南	0.75	2.63		9.39	4.89		40.19	21.58		4.28	4.41	
湖　北	0.75	2.61		10.14	8.79		35.00	26.23		3.45	2.98	
湖　南	2.24	2.20		13.70	13.48		42.69	34.47		3.12	2.56	
广　东	1.51	1.99		11.73	11.11		43.26	34.35		3.69	3.09	
广　西	0.89	1.57		8.33	5.54		44.86	24.89		5.39	4.50	
海　南	1.28	0.88		11.59	14.78		37.80	38.77		3.26	2.62	
重　庆	0.66	0.83		12.11	13.32		53.87	48.15		4.45	3.61	
四　川	1.47	2.50		6.94	7.80		30.11	26.01		4.34	3.33	
贵　州	0.76	8.47		6.85	3.36		44.34	18.91		6.47	5.63	
云　南	0.85	1.91		9.22	8.03		40.46	26.93		4.39	3.35	
西　藏	0.22	0.37		13.35	8.99		46.58	22.56		3.49	2.51	
陕　西	0.47	0.80		11.87	11.09		54.94	45.96		4.63	4.14	
甘　肃	0.99	0.85		13.03	6.99		49.86	47.92		3.83	6.85	
青　海	0.31	0.38		13.10	10.32		47.40	37.05		3.62	3.59	
宁　夏	3.01	2.89		17.83	15.33		32.06	29.87		1.80	1.95	
新　疆	0.42	1.25		8.10	11.41		28.34	29.13		3.50	2.55	
兵　团	1.20	0.54		5.51	22.49		40.45	58.26		7.34	2.59	

各地区使用《中国标准书号》各类图书的平均印数、平均印张、平均定价和平均印张定价（续表10）

J 艺 术

	平均印数（万册/种）			平均印张（印张/册）			平均定价（元/册）			平均印张定价（元/印张）		
	新版	重印	租型	新版	重印	租型	新版	重印	租型	新版	重印	租型
全国总计	0.63	0.96		8.46	9.28		54.29	36.00		6.42	3.88	
中 央	0.66	0.81		8.75	10.78		53.53	41.28		6.12	3.83	
地 方	0.61	1.06		8.32	8.49		54.65	33.20		6.57	3.91	
北 京	1.02	0.88		9.74	14.49		72.24	63.61		7.42	4.39	
天 津	0.98	0.56		5.58	8.67		36.52	44.55		6.54	5.14	
河 北	0.57	1.42		17.87	7.76		63.96	24.88		3.58	3.21	
山 西	0.52	0.54		17.75	17.15		119.81	92.42		6.75	5.39	
内 蒙 古	0.15	0.33		16.50	5.18		197.12	13.41		11.95	2.59	
辽 宁	0.57	0.28		10.88	12.71		67.26	59.97		6.18	4.72	
吉 林	1.03	2.36		3.07	6.17		21.69	23.00		7.06	3.73	
黑 龙 江	0.11	0.25		13.68	7.83		78.39	42.29		5.73	5.40	
上 海	0.58	0.96		8.29	8.75		55.41	35.30		6.68	4.03	
江 苏	0.41	0.52		10.58	10.54		88.77	45.33		8.39	4.30	
浙 江	0.51	0.65		8.98	8.06		74.22	35.25		8.27	4.38	
安 徽	0.48	1.66		9.30	7.97		53.20	27.47		5.72	3.45	
福 建	0.39	0.72		10.48	6.01		84.53	49.34		8.06	8.22	
江 西	1.07	7.62		10.20	8.19		52.18	27.55		5.12	3.36	
山 东	0.32	0.77		11.69	12.51		93.78	47.34		8.02	3.79	
河 南	0.38	0.73		8.81	5.76		57.62	21.05		6.54	3.66	
湖 北	0.42	0.62		9.66	8.63		57.51	40.66		5.95	4.71	
湖 南	0.82	0.80		9.24	12.37		47.16	38.53		5.10	3.11	
广 东	0.35	0.49		12.22	9.49		87.71	37.00		7.18	3.90	
广 西	0.42	0.60		12.10	12.08		84.31	50.73		6.96	4.20	
海 南	0.28	1.19		11.21	3.89		59.18	16.89		5.28	4.33	
重 庆	0.36	0.38		15.27	12.54		87.41	48.60		5.72	3.88	
四 川	1.14	2.62		6.08	5.19		35.50	22.80		5.84	4.39	
贵 州	0.94	4.10		7.40	5.59		57.26	27.76		7.73	4.96	
云 南	0.71	2.68		5.24	9.01		40.09	47.73		7.65	5.30	
西 藏	0.67	0.84		10.23	4.22		55.64	17.81		5.44	4.22	
陕 西	0.19	0.22		11.18	10.63		107.90	59.84		9.65	5.63	
甘 肃	0.19	0.68		18.40	9.67		150.60	53.97		8.19	5.58	
青 海	0.40	0.25		11.45	11.52		85.41	32.20		7.46	2.80	
宁 夏	0.23	0.20		9.34	29.28		49.13	68.00		5.26	2.32	
新 疆	0.27	0.40		6.96	5.09		52.98	31.67		7.62	6.22	
兵 团	0.13	0.25		14.80	14.00		75.04	58.00		5.07	4.14	

各地区使用《中国标准书号》各类图书的平均印数、平均印张、平均定价和平均印张定价（续表11）

K 历史、地理

	平均印数（万册/种）			平均印张（印张/册）			平均定价（元/册）			平均印张定价（元/印张）		
	新版	重印	租型	新版	重印	租型	新版	重印	租型	新版	重印	租型
全国总计	0.76	1.21	0.45	14.21	11.92	2.39	73.84	43.69	7.78	5.20	3.67	3.26
中 央	1.19	1.16		14.44	12.96		64.87	47.51		4.49	3.67	
地 方	0.50	1.27	0.45	13.89	10.97	2.39	86.67	40.19	7.78	6.24	3.66	3.26
北 京	1.08	2.43		14.44	12.84		103.89	39.24		7.19	3.06	
天 津	0.38	0.43		13.00	12.54		69.55	51.87		5.35	4.13	
河 北	0.23	0.62		20.85	5.95		120.55	19.66		5.78	3.30	
山 西	0.30	0.56		18.12	14.81		108.38	51.12		5.98	3.45	
内 蒙 古	0.17	0.28		23.67	21.76		136.54	77.83		5.77	3.58	
辽 宁	0.42	0.59		13.88	13.94		91.01	42.45		6.56	3.05	
吉 林	0.59	0.76	0.10	9.41	9.87	12.25	46.48	35.53	38.00	4.94	3.60	3.10
黑 龙 江	0.17	0.29		18.73	4.50		106.45	37.02		5.68	8.23	
上 海	0.34	0.51		18.04	21.52		116.61	63.59		6.47	2.96	
江 苏	0.39	1.11		18.24	11.98		101.13	38.61		5.54	3.22	
浙 江	0.49	2.15		15.60	13.07		93.38	44.63		5.98	3.41	
安 徽	0.27	0.53		18.16	11.86		84.83	64.44		4.67	5.43	
福 建	0.39	0.42		14.57	13.37		86.50	36.64		5.94	2.74	
江 西	1.82	1.93		4.78	11.55		33.51	34.17		7.01	2.96	
山 东	0.98	2.69		7.81	4.88		80.09	34.93		10.26	7.15	
河 南	0.36	0.57		22.77	13.09		130.88	35.75		5.75	2.73	
湖 北	0.25	1.08		19.07	12.25		124.19	38.33		6.51	3.13	
湖 南	0.86	2.06		13.18	13.53		58.91	46.68		4.47	3.45	
广 东	0.29	1.94		16.12	4.71		92.59	20.08		5.74	4.26	
广 西	0.51	0.74		14.98	16.42		88.06	71.34		5.88	4.35	
海 南	0.52	21.95		14.54	11.68		65.07	42.83		4.47	3.67	
重 庆	0.32	0.89		15.98	12.51		89.89	45.38		5.63	3.63	
四 川	0.70	0.96		11.52	8.81		58.68	38.60		5.09	4.38	
贵 州	0.35	3.78		14.50	4.72		111.69	23.13		7.70	4.90	
云 南	0.23	0.53		19.56	12.31		150.12	40.99		7.68	3.33	
西 藏	0.20	0.28		19.36	19.61		54.64	48.54		2.82	2.47	
陕 西	0.29	0.75		23.57	9.86		148.68	56.54		6.31	5.73	
甘 肃	0.18	2.04		23.56	9.68		177.36	11.52		7.53	1.19	
青 海	0.21	0.21		25.38	13.62		131.58	51.21		5.18	3.76	
宁 夏	0.45	1.00		12.89	16.76		51.25	32.80		3.97	1.96	
新 疆	1.23	7.08	0.80	12.09	12.96	1.16	32.50	26.51	4.00	2.69	2.05	3.46
兵 团	0.10	0.25		31.78	31.00		378.80	68.00		11.92	2.19	

各地区使用《中国标准书号》各类图书的平均印数、平均印张、平均定价和平均印张定价（续表12）

N 自然科学总论

	平均印数（万册/种）			平均印张（印张/册）			平均定价（元/册）			平均印张定价（元/印张）		
	新版	重印	租型	新版	重印	租型	新版	重印	租型	新版	重印	租型
全国总计	1.38	0.80		6.78	17.84		46.00	86.66		6.78	4.86	
中　　央	0.64	0.57		13.88	30.52		82.85	162.95		5.97	5.34	
地　　方	1.99	1.12		4.90	9.24		36.22	34.88		7.39	3.78	
北　　京	1.21	2.10		8.15	12.46		88.52	32.70		10.87	2.62	
天　　津	0.88	1.28		7.15	17.05		40.08	57.75		5.60	3.39	
河　　北	0.06	0.45		14.36	4.28		80.22	29.33		5.59	6.85	
山　　西	0.60	0.70		18.28	11.98		64.53	34.81		3.53	2.91	
内 蒙 古	0.03			73.05			105.00			1.44		
辽　　宁	0.28			10.48			57.64			5.50		
吉　　林	0.44	0.39		8.29	9.27		43.45	38.99		5.24	4.21	
黑 龙 江	0.16	0.64		13.80	3.53		68.14	31.60		4.94	8.96	
上　　海	0.67	0.33		11.67	15.26		60.64	50.86		5.20	3.33	
江　　苏	0.58	0.62		9.98	13.65		68.08	50.98		6.82	3.74	
浙　　江	0.26	0.69		11.89	17.58		66.50	56.67		5.59	3.22	
安　　徽	0.22	0.50		10.62	5.76		38.73	38.53		3.65	6.69	
福　　建	0.98			7.99			34.41			4.31		
江　　西	4.09	0.50		2.65	11.00		26.68	35.00		10.08	3.18	
山　　东	0.33	0.41		24.47	11.74		101.01	56.62		4.13	4.82	
河　　南	0.41	0.19		15.83	17.47		113.36	112.29		7.16	6.43	
湖　　北	0.48	0.54		17.98	9.66		57.23	29.09		3.18	3.01	
湖　　南	0.94	2.42		4.63	10.20		32.84	38.07		7.09	3.73	
广　　东	0.51	0.23		9.09	10.93		102.32	47.84		11.26	4.38	
广　　西	0.94	1.47		7.47	13.94		47.05	59.74		6.30	4.29	
海　　南	0.51			10.50			78.00			7.43		
重　　庆	0.47	0.30		10.73	12.68		115.90	38.00		10.80	3.00	
四　　川	7.31	4.62		7.39	2.49		39.99	14.35		5.41	5.77	
贵　　州	48.08	4.03		1.39	4.30		18.27	22.97		13.11	5.34	
云　　南	0.56	0.50		8.52	4.00		93.51	24.80		10.97	6.20	
西　　藏												
陕　　西	0.40	0.78		8.27	5.42		68.90	85.79		8.33	15.83	
甘　　肃	0.30	0.51		11.98	13.00		120.83	48.00		10.09	3.69	
青　　海												
宁　　夏	0.50			7.56			75.00			9.92		
新　　疆	0.56	1.01		7.10	8.82		28.03	28.00		3.95	3.18	
兵　　团												

各地区使用《中国标准书号》各类图书的平均印数、平均印张、平均定价和平均印张定价（续表13）

O 数理科学、化学

	平均印数（万册/种）			平均印张（印张/册）			平均定价（元/册）			平均印张定价（元/印张）		
	新版	重印	租型	新版	重印	租型	新版	重印	租型	新版	重印	租型
全国总计	0.63	0.55		12.36	14.33		48.54	38.49		3.93	2.69	
中　央	0.70	0.48		13.82	16.90		51.82	41.77		3.75	2.47	
地　方	0.52	0.74		9.55	9.29		42.23	32.08		4.42	3.45	
北　京	2.75	2.84		5.41	8.49		34.86	29.92		6.45	3.52	
天　津	0.84	1.23		8.24	4.60		36.76	16.21		4.46	3.52	
河　北	0.63	0.24		10.14	13.34		54.78	42.60		5.40	3.19	
山　西	0.16	0.39		12.18	8.96		47.57	25.76		3.91	2.87	
内 蒙 古	0.04	0.16		18.50	20.00		90.97	25.08		4.92	1.25	
辽　宁	0.28	0.29		13.64	15.85		49.12	39.23		3.60	2.48	
吉　林	0.48	1.09		6.47	7.71		35.16	27.45		5.44	3.56	
黑 龙 江	0.12	0.26		19.23	15.18		56.86	52.61		2.96	3.46	
上　海	0.78	0.47		10.56	15.75		50.84	46.91		4.81	2.98	
江　苏	0.28	0.66		14.34	8.07		48.84	43.83		3.41	5.43	
浙　江	0.36	0.85		10.32	14.25		53.55	39.98		5.19	2.81	
安　徽	0.45	0.35		9.42	15.70		51.97	54.91		5.51	3.50	
福　建	0.41	0.55		12.05	10.99		41.34	30.91		3.43	2.81	
江　西	0.89	0.75		10.59	11.30		33.68	32.28		3.18	2.86	
山　东	0.27	0.53		14.99	15.14		57.95	28.77		3.87	1.90	
河　南	0.27	0.26		16.94	16.95		59.00	38.66		3.48	2.28	
湖　北	0.34	1.43		17.34	5.39		47.43	16.66		2.73	3.09	
湖　南	0.51	0.84		10.05	7.52		40.13	23.96		3.99	3.19	
广　东	0.22	0.22		13.04	13.09		43.37	32.43		3.33	2.48	
广　西	0.99	1.05		5.59	9.94		42.44	52.77		7.59	5.31	
海　南	0.25	0.60		2.88	14.75		49.80	39.84		17.32	2.70	
重　庆	0.37	0.37		12.97	15.12		47.42	39.95		3.65	2.64	
四　川	1.63	0.85		4.56	6.25		23.91	34.67		5.24	5.55	
贵　州	0.10	0.17		8.26	10.49		24.00	26.00		2.91	2.48	
云　南	0.28	0.54		12.85	11.20		47.67	104.73		3.71	9.35	
西　藏	0.10			14.62			28.00			1.92		
陕　西	0.23	0.36		12.74	12.25		41.18	50.66		3.23	4.13	
甘　肃	0.34	0.27		11.95	10.54		73.08	42.72		6.11	4.05	
青　海	0.10			11.25			58.00			5.16		
宁　夏	0.05			9.28			31.50			3.39		
新　疆		1.01			6.30			20.00			3.18	
兵　团												

各地区使用《中国标准书号》各类图书的平均印数、平均印张、平均定价和平均印张定价（续表14）

P 天文学、地球科学

	平均印数（万册/种）			平均印张（印张/册）			平均定价（元/册）			平均印张定价（元/印张）		
	新版	重印	租型	新版	重印	租型	新版	重印	租型	新版	重印	租型
全国总计	0.46	0.47		10.21	10.81		68.86	54.71		6.75	5.06	
中　央	0.32	0.29		11.42	14.32		76.48	65.87		6.70	4.60	
地　方	0.68	0.76		9.33	8.69		63.40	47.98		6.79	5.52	
北　京	1.43	1.08		12.89	8.67		118.62	34.88		9.20	4.02	
天　津	0.57	0.59		8.54	11.64		42.40	40.94		4.97	3.52	
河　北	0.72	0.32		12.89	3.76		89.87	35.61		6.97	9.48	
山　西	0.25	0.62		14.45	9.42		46.30	26.54		3.20	2.82	
内 蒙 古	0.32	0.05		13.25	11.56		27.02	105.09		2.04	9.09	
辽　宁	0.88	0.14		3.94	13.46		36.00	37.92		9.14	2.82	
吉　林	0.45	0.66		5.12	7.07		34.21	37.19		6.69	5.26	
黑 龙 江	0.06	0.34		12.89	9.31		61.56	54.01		4.78	5.80	
上　海	2.03	0.48		5.75	14.23		46.58	52.68		8.10	3.70	
江　苏	0.51	1.10		10.78	10.27		61.90	65.54		5.74	6.38	
浙　江	0.80	0.44		9.52	10.48		53.99	40.69		5.67	3.88	
安　徽	1.02	1.84		5.99	3.08		73.05	57.49		12.19	18.66	
福　建	0.64	0.47		12.19	7.77		45.54	49.03		3.74	6.31	
江　西	1.07	1.13		5.58	11.43		38.54	34.25		6.91	3.00	
山　东	0.23	0.87		12.42	5.07		72.65	40.57		5.85	8.00	
河　南	0.60	0.30		7.94	14.21		35.70	40.78		4.50	2.87	
湖　北	0.34	0.34		18.15	13.01		86.03	35.21		4.74	2.71	
湖　南	0.53	2.13		8.58	12.53		64.06	41.32		7.46	3.30	
广　东	0.36	0.26		9.78	8.37		64.93	54.44		6.64	6.51	
广　西	0.70	0.78		5.91	3.50		52.40	31.81		8.87	9.08	
海　南	0.77	0.65		12.34	21.94		67.57	31.15		5.48	1.42	
重　庆	0.39	0.46		14.70	13.41		87.90	39.56		5.98	2.95	
四　川	1.05	0.60		6.51	7.64		35.42	46.91		5.44	6.14	
贵　州	0.22	0.30		14.87	1.85		69.90	10.00		4.70	5.40	
云　南	0.64	0.50		3.76	4.00		45.63	24.80		12.13	6.20	
西　藏	0.37			13.00			59.59			4.59		
陕　西	0.35	1.64		12.53	4.23		76.12	119.64		6.08	28.31	
甘　肃	1.01	0.51		15.78	10.81		125.81	48.00		7.97	4.44	
青　海	0.31	0.60		14.10	3.78		55.52	26.00		3.94	6.88	
宁　夏	0.63	3.00		12.12	9.45		38.90	96.00		3.21	10.16	
新　疆	0.30	0.43		7.40	6.54		28.00	23.42		3.78	3.58	
兵　团												

各地区使用《中国标准书号》各类图书的平均印数、平均印张、平均定价和平均印张定价（续表15）

Q 生物科学

	平均印数（万册/种）			平均印张（印张/册）			平均定价（元/册）			平均印张定价（元/印张）		
	新版	重印	租型	新版	重印	租型	新版	重印	租型	新版	重印	租型
全国总计	0.74	0.72		8.33	12.65		53.46	46.39		6.42	3.67	
中　央	0.62	0.54		10.95	16.46		64.89	54.28		5.93	3.30	
地　方	0.84	1.05		6.78	9.10		46.75	39.05		6.89	4.29	
北　京	1.04	2.19		9.65	9.47		64.56	29.61		6.69	3.13	
天　津	0.65	0.64		7.68	14.03		59.85	44.79		7.80	3.19	
河　北	0.72	0.53		9.78	3.16		55.87	36.04		5.71	11.39	
山　西	0.15	0.53		10.26	8.66		44.43	25.69		4.33	2.97	
内　蒙　古	0.31	0.10		25.52	8.76		135.09	34.42		5.29	3.93	
辽　宁	0.19	0.35		11.82	11.38		71.99	35.65		6.09	3.13	
吉　林	0.77	0.66		6.21	8.70		33.40	34.68		5.38	3.99	
黑　龙　江	0.15	0.21		7.03	12.09		74.31	28.13		10.57	2.33	
上　海	3.02	0.36		3.90	12.56		24.76	45.20		6.35	3.60	
江　苏	0.63	0.96		7.97	11.99		51.21	44.90		6.43	3.74	
浙　江	0.34	0.44		15.22	10.07		92.10	39.62		6.05	3.93	
安　徽	1.05	0.96		5.72	3.31		32.49	63.03		5.68	19.06	
福　建	0.93	1.19		9.58	3.86		59.76	120.46		6.24	31.20	
江　西	1.42	1.39		5.98	11.18		39.31	33.20		6.57	2.97	
山　东	0.44	0.65		5.45	6.59		61.90	48.25		11.35	7.33	
河　南	0.20	0.66		10.99	10.66		130.86	75.22		11.91	7.05	
湖　北	0.34	0.56		15.81	11.38		85.34	31.75		5.40	2.79	
湖　南	2.23	4.04		4.17	12.36		28.10	40.70		6.74	3.29	
广　东	0.71	0.55		9.19	8.16		76.19	36.31		8.29	4.45	
广　西	0.55	1.26		6.74	6.19		65.15	29.33		9.67	4.74	
海　南	0.75	0.22		15.25	7.86		59.65	50.42		3.91	6.41	
重　庆	0.34	0.33		10.90	17.50		70.39	95.36		6.46	5.45	
四　川	0.75	1.10		3.97	7.22		55.92	32.94		14.09	4.56	
贵　州	0.15	4.15		8.82	5.01		72.20	24.95		8.19	4.98	
云　南	0.33	0.73		7.73	6.94		82.32	45.89		10.65	6.61	
西　藏	0.10			5.49			25.00			4.55		
陕　西	0.22	0.98		9.40	4.16		82.80	79.37		8.81	19.10	
甘　肃	0.52	0.50		9.50	8.67		64.10	25.80		6.75	2.97	
青　海	0.20			24.71			352.00			14.24		
宁　夏	1.12			11.82			40.04			3.39		
新　疆	0.63	0.77		9.71	7.45		35.50	25.00		3.66	3.36	
兵　团	0.10			5.00			36.00			7.20		

各地区使用《中国标准书号》各类图书的平均印数、平均印张、平均定价和平均印张定价（续表16）

R 医药、卫生

	平均印数（万册/种）			平均印张（印张/册）			平均定价（元/册）			平均印张定价（元/印张）		
	新版	重印	租型	新版	重印	租型	新版	重印	租型	新版	重印	租型
全国总计	0.48	0.56		13.69	17.98		58.83	53.38		4.30	2.97	
中 央	0.39	0.55		19.43	19.98		80.86	56.67		4.16	2.84	
地 方	0.58	0.60		9.31	13.06		42.04	45.30		4.51	3.47	
北 京	0.61	1.46		14.24	14.13		88.58	54.76		6.22	3.87	
天 津	0.30	0.60		12.00	14.22		57.52	51.12		4.79	3.59	
河 北	0.24	0.38		12.64	13.40		55.74	61.21		4.41	4.57	
山 西	0.29	0.37		16.34	17.53		94.26	45.71		5.77	2.61	
内 蒙 古	0.12	0.21		21.40	36.55		82.98	93.22		3.88	2.55	
辽 宁	0.20	0.24		19.82	16.09		148.04	95.28		7.47	5.92	
吉 林	0.14	0.31		14.43	14.84		62.81	50.21		4.35	3.38	
黑 龙 江	0.06	0.46		13.38	9.24		68.76	45.56		5.14	4.93	
上 海	1.91	0.32		5.81	17.04		22.84	56.54		3.93	3.32	
江 苏	0.37	0.70		14.14	12.99		67.96	44.03		4.81	3.39	
浙 江	0.84	1.28		9.69	6.55		46.90	24.26		4.84	3.70	
安 徽	0.41	0.68		10.37	11.19		84.71	49.88		8.17	4.46	
福 建	0.31	0.98		16.00	17.97		86.39	55.65		5.40	3.10	
江 西	0.33	0.85		10.31	12.69		60.30	52.02		5.85	4.10	
山 东	0.38	0.64		17.74	16.28		82.83	45.08		4.67	2.77	
河 南	0.27	0.33		15.53	16.98		76.29	57.58		4.91	3.39	
湖 北	2.12	0.40		6.35	11.87		16.77	35.54		2.64	2.99	
湖 南	0.40	0.76		15.93	20.69		82.80	50.36		5.20	2.43	
广 东	0.32	0.60		12.76	9.98		67.23	36.19		5.27	3.63	
广 西	0.24	0.87		12.15	11.13		63.95	52.13		5.26	4.68	
海 南	0.29	1.14		17.31	11.60		65.87	47.79		3.80	4.12	
重 庆	0.39	2.57		11.22	6.18		58.00	21.48		5.17	3.48	
四 川	0.28	0.84		15.35	14.69		76.63	48.11		4.99	3.28	
贵 州	0.16	0.19		12.37	6.71		86.90	30.22		7.03	4.50	
云 南	0.09	0.37		16.99	16.00		95.12	52.58		5.60	3.29	
西 藏	0.27	0.76		22.38	15.75		146.94	31.04		6.57	1.97	
陕 西	0.28	0.19		12.65	12.39		53.25	58.86		4.21	4.75	
甘 肃	0.17	0.15		20.76	12.99		78.68	59.32		3.79	4.56	
青 海	0.18			20.60			83.66			4.06		
宁 夏	0.07			27.31			69.59			2.55		
新 疆	0.18	0.64		10.36	8.11		29.64	22.26		2.86	2.75	
兵 团	0.04			25.63			203.75			7.95		

各地区使用《中国标准书号》各类图书的平均印数、平均印张、平均定价和平均印张定价（续表17）

S 农业科学

	平均印数（万册/种） 新版	重印	租型	平均印张（印张/册） 新版	重印	租型	平均定价（元/册） 新版	重印	租型	平均印张定价（元/印张） 新版	重印	租型
全国总计	0.21	0.35		13.01	11.83		74.09	35.36		5.69	2.99	
中　央	0.20	0.30		14.22	13.51		79.49	39.04		5.59	2.89	
地　方	0.22	0.48		11.43	8.54		67.01	28.15		5.86	3.30	
北　京	1.81	1.44		11.42	9.03		60.32	22.84		5.28	2.53	
天　津	0.29	0.15		9.91	14.08		89.20	84.53		9.00	6.00	
河　北	0.09	0.46		18.77	12.73		156.35	23.65		8.33	1.86	
山　西	0.32	0.70		9.81	7.43		41.30	24.29		4.21	3.27	
内 蒙 古	0.16	0.18		18.47	13.42		66.70	23.09		3.61	1.72	
辽　宁	0.10	0.33		22.82	17.36		185.43	38.69		8.13	2.23	
吉　林	0.13	1.10		11.78	8.09		73.53	12.72		6.24	1.57	
黑 龙 江	0.09	0.70		10.44	14.43		57.38	103.71		5.50	7.19	
上　海	0.25	0.42		13.80	8.57		71.79	37.11		5.20	4.33	
江　苏	0.60	0.53		7.37	5.48		42.65	26.56		5.79	4.84	
浙　江	0.20	0.20		11.17	10.19		84.21	34.97		7.54	3.43	
安　徽	0.60	1.00		8.04	21.00		29.89	43.00		3.72	2.05	
福　建	0.34	0.71		13.39	8.94		85.16	33.87		6.36	3.79	
江　西	0.16	0.94		13.35	7.01		57.19	16.12		4.28	2.30	
山　东	0.20	0.28		16.66	7.61		117.87	35.98		7.07	4.73	
河　南	0.17	0.16		11.93	14.66		79.02	47.06		6.63	3.21	
湖　北	0.26	0.50		11.16	11.41		68.09	41.53		6.10	3.64	
湖　南	0.35	0.86		12.21	7.00		61.82	29.97		5.06	4.28	
广　东	0.21	0.32		15.76	8.80		105.44	57.83		6.69	6.57	
广　西	0.45	1.25		6.74	4.86		44.58	23.15		6.62	4.76	
海　南	0.19	0.48		11.61	6.70		38.22	9.94		3.29	1.48	
重　庆	0.23	0.21		13.72	13.73		62.36	38.47		4.55	2.80	
四　川	0.21	0.22		13.12	13.42		62.92	35.37		4.80	2.64	
贵　州	0.42	0.16		15.48	8.03		122.62	32.00		7.92	3.99	
云　南	0.12	0.21		10.92	8.57		57.72	40.92		5.29	4.77	
西　藏	0.20	0.68		13.80	3.70		48.00	15.12		3.48	4.09	
陕　西	0.17	0.27		8.96	7.73		40.89	21.81		4.56	2.82	
甘　肃	0.16			16.25			67.71			4.17		
青　海	0.20			13.50			67.73			5.02		
宁　夏	0.07	0.30		20.46	15.87		69.32	48.00		3.39	3.02	
新　疆	0.14	0.34		5.06	6.05		18.37	19.85		3.63	3.28	
兵　团	0.05	0.25		23.75	6.50		174.00	28.00		7.33	4.31	

各地区使用《中国标准书号》各类图书的平均印数、平均印张、平均定价和平均印张定价（续表18）

T 工业技术

	平均印数（万册/种）			平均印张（印张/册）			平均定价（元/册）			平均印张定价（元/印张）		
	新版	重印	租型	新版	重印	租型	新版	重印	租型	新版	重印	租型
全国总计	0.34	0.31		16.06	17.19		67.68	48.48		4.21	2.82	
中　央	0.38	0.30		17.10	17.70		68.71	48.96		4.02	2.77	
地　方	0.27	0.35		13.34	14.86		64.97	46.26		4.87	3.11	
北　京	0.57	0.73		8.63	19.33		60.60	60.39		7.02	3.12	
天　津	0.19	0.32		13.60	18.34		63.38	59.98		4.66	3.27	
河　北	0.26	0.44		15.60	16.04		62.72	51.23		4.02	3.19	
山　西	0.25	0.52		11.39	9.45		71.18	31.19		6.25	3.30	
内蒙古	0.19	0.15		13.68	8.92		68.69	23.67		5.02	2.65	
辽　宁	0.24	0.31		14.40	15.74		67.85	45.81		4.71	2.91	
吉　林	0.22	0.92		10.45	10.93		46.59	34.38		4.46	3.15	
黑龙江	0.12	0.17		15.64	16.51		56.18	39.20		3.59	2.37	
上　海	0.32	0.31		13.84	15.84		76.29	51.20		5.51	3.23	
江　苏	0.37	0.41		12.94	14.07		58.39	46.10		4.51	3.28	
浙　江	0.42	0.15		10.58	15.43		49.56	52.42		4.68	3.40	
安　徽	0.36	0.35		10.60	12.27		74.38	44.23		7.02	3.60	
福　建	0.30	0.71		16.31	13.50		85.84	41.63		5.26	3.08	
江　西	0.52	1.04		9.45	7.69		35.91	28.95		3.80	3.76	
山　东	0.33	0.65		13.61	15.88		60.75	41.39		4.46	2.61	
河　南	0.22	0.32		12.82	11.75		64.60	39.99		5.04	3.40	
湖　北	0.22	0.22		17.78	17.40		85.84	46.77		4.83	2.69	
湖　南	0.34	0.58		15.38	13.86		60.75	41.70		3.95	3.01	
广　东	0.26	0.40		12.39	15.96		80.36	45.25		6.49	2.83	
广　西	0.46	0.72		13.42	9.49		91.94	53.28		6.85	5.61	
海　南	0.45	0.33		9.75	11.14		59.37	48.33		6.09	4.34	
重　庆	0.30	0.24		13.50	15.91		59.16	47.44		4.38	2.98	
四　川	0.27	0.25		14.60	13.58		59.20	41.82		4.06	3.08	
贵　州	0.35	0.48		15.03	9.52		89.31	26.50		5.94	2.78	
云　南	0.24	0.53		18.98	13.23		150.68	60.07		7.94	4.54	
西　藏	0.20	0.32		3.74	16.68		18.00	36.00		4.81	2.16	
陕　西	0.17	0.25		14.97	15.73		56.18	50.59		3.75	3.22	
甘　肃	0.34	0.55		7.22	25.89		51.12	55.83		7.09	2.16	
青　海	0.43	0.20		4.87	15.50		33.49	40.00		6.87	2.58	
宁　夏	0.10	0.10		22.29	22.83		114.59	38.50		5.14	1.69	
新　疆	0.24	0.38		7.44	4.38		21.74	14.82		2.92	3.38	
兵　团												

各地区使用《中国标准书号》各类图书的平均印数、平均印张、平均定价和平均印张定价（续表19）

U 交通运输

	平均印数(万册/种) 新版	重印	租型	平均印张(印张/册) 新版	重印	租型	平均定价(元/册) 新版	重印	租型	平均印张定价(元/印张) 新版	重印	租型
全国总计	0.28	0.35		13.83	13.43		63.43	42.69		4.59	3.18	
中　　央	0.29	0.33		14.55	13.79		64.85	40.51		4.46	2.94	
地　　方	0.25	0.38		12.26	12.39		60.33	48.91		4.92	3.95	
北　　京	0.25	1.09		9.22	9.54		49.38	59.10		5.35	6.19	
天　　津	0.09	0.12		17.04	12.97		57.53	33.47		3.38	2.58	
河　　北		0.50			2.00			32.80			16.40	
山　　西		0.50			10.00			24.80			2.48	
内 蒙 古												
辽　　宁	0.28	0.35		20.72	16.28		68.28	49.66		3.30	3.05	
吉　　林	0.63	0.79		4.22	10.68		26.81	39.88		6.35	3.73	
黑 龙 江	0.11	0.15		12.91	14.88		75.50	38.48		5.85	2.59	
上　　海	0.24	0.29		12.76	14.12		73.59	43.86		5.77	3.11	
江　　苏	0.36	0.31		8.60	15.02		61.05	59.05		7.10	3.93	
浙　　江	2.08	0.61		6.12	8.07		25.63	25.79		4.19	3.19	
安　　徽	0.14	0.80		16.21	4.47		44.27	53.00		2.73	11.86	
福　　建	0.16	1.35		21.32	6.02		149.49	158.19		7.01	26.28	
江　　西	0.16	2.55		8.87	1.40		93.50	15.98		10.54	11.40	
山　　东	0.14	0.28		15.61	16.30		103.00	45.90		6.60	2.82	
河　　南	0.13	0.57		11.45	9.43		58.70	30.87		5.12	3.27	
湖　　北	0.12	0.12		15.46	15.52		73.04	36.97		4.73	2.38	
湖　　南	0.18	1.05		14.71	11.49		56.79	37.27		3.86	3.24	
广　　东	0.21	0.27		10.07	9.55		64.66	42.22		6.42	4.42	
广　　西	0.30	0.79		9.79	2.42		91.96	55.51		9.39	22.93	
海　　南												
重　　庆	0.19	0.78		11.23	12.18		45.60	38.41		4.06	3.15	
四　　川	0.17	0.24		15.06	15.68		60.38	43.11		4.01	2.75	
贵　　州	0.11			16.75			61.02			3.64		
云　　南	0.11	0.15		4.77	4.00		79.63	28.00		16.68	7.00	
西　　藏												
陕　　西	0.19	1.61		11.81	4.02		48.13	62.37		4.08	15.50	
甘　　肃	1.90	0.10		15.12	10.25		159.74	98.00		10.56	9.56	
青　　海												
宁　　夏	1.51			10.70			36.80			3.44		
新　　疆	0.05	1.31		32.00	5.04		64.00	16.00		2.00	3.18	
兵　　团												

各地区使用《中国标准书号》各类图书的平均印数、平均印张、平均定价和平均印张定价（续表20）

V 航空、航天

	平均印数（万册/种）			平均印张（印张/册）			平均定价（元/册）			平均印张定价（元/印张）		
	新版	重印	租型	新版	重印	租型	新版	重印	租型	新版	重印	租型
全国总计	**0.32**	**0.32**		**9.86**	**12.12**		**69.52**	**60.31**		**7.05**	**4.98**	
中　央	**0.21**	**0.21**		**13.42**	**16.13**		**86.39**	**63.04**		**6.44**	**3.91**	
地　方	**0.68**	**0.61**		**6.16**	**8.43**		**51.96**	**57.81**		**8.44**	**6.86**	
北　京	2.45	1.58		4.03	5.72		52.82	39.71		13.10	6.94	
天　津	0.09	0.87		13.77	4.82		55.06	53.23		4.00	11.05	
河　北												
山　西		0.37			9.54			25.55			2.68	
内蒙古		0.10			2.67			18.00			6.74	
辽　宁	0.36	0.19		10.04	15.17		68.83	69.68		6.86	4.59	
吉　林	3.64	0.74		2.61	8.02		20.44	38.93		7.83	4.86	
黑龙江	0.06	0.07		17.84	17.62		85.46	66.03		4.79	3.75	
上　海	0.14	0.16		20.17	11.09		149.52	81.28		7.41	7.33	
江　苏	1.10	0.22		6.00	7.31		40.14	162.92		6.69	22.27	
浙　江		0.40			19.00			40.00			2.11	
安　徽	0.55	0.90		7.13	2.25		186.18	68.74		26.13	30.53	
福　建	0.52	1.05		9.95	4.75		147.22	32.06		14.80	6.74	
江　西		0.09			6.54			27.85			4.26	
山　东	0.10			18.13			118.00			6.51		
河　南	1.48	0.20		2.50	8.75		32.67	39.90		13.07	4.56	
湖　北	0.17	0.30		12.79	3.00		50.06	22.80		3.92	7.60	
湖　南	0.08	0.62		17.14	10.74		98.00	38.64		5.72	3.60	
广　东	0.33	0.50		8.32	3.46		38.28	28.00		4.60	8.10	
广　西	0.73	0.77		4.46	4.05		29.82	56.06		6.69	13.86	
海　南	0.51			9.50			78.00			8.21		
重　庆												
四　川	0.17	0.39		19.35	17.37		90.45	51.77		4.67	2.98	
贵　州												
云　南		0.50			4.00			24.80			6.20	
西　藏												
陕　西	0.25	0.58		13.20	9.04		73.75	95.93		5.58	10.61	
甘　肃	0.51	1.01		6.00	7.13		48.00	48.00		8.00	6.73	
青　海												
宁　夏												
新　疆												
兵　团												

各地区使用《中国标准书号》各类图书的平均印数、平均印张、平均定价和平均印张定价（续表21）

X 环境科学

	平均印数（万册/种）			平均印张（印张/册）			平均定价（元/册）			平均印张定价（元/印张）		
	新版	重印	租型	新版	重印	租型	新版	重印	租型	新版	重印	租型
全国总计	**0.25**	**0.46**		**11.40**	**11.28**		**59.34**	**34.20**		**5.20**	**3.03**	
中 央	**0.22**	**0.28**		**13.53**	**15.71**		**68.43**	**45.18**		**5.06**	**2.88**	
地 方	**0.31**	**1.16**		**8.61**	**6.98**		**47.43**	**23.54**		**5.51**	**3.37**	
北 京	0.60	0.99		10.96	10.65		34.19	29.27		3.12	2.75	
天 津	0.21	2.27		9.40	6.21		39.79	32.43		4.23	5.23	
河 北	0.21	0.30		7.07	10.00		48.79	29.80		6.90	2.98	
山 西	0.21	0.42		13.99	7.38		63.55	30.60		4.54	4.14	
内 蒙 古	0.03	0.20		14.54	6.82		84.58	22.00		5.82	3.23	
辽 宁	0.17	1.51		13.87	7.23		71.15	14.86		5.13	2.05	
吉 林	0.11	0.86		12.75	6.98		58.02	32.72		4.55	4.69	
黑 龙 江	0.16	0.13		12.59	16.64		58.02	38.54		4.61	2.32	
上 海	0.58	1.23		7.33	13.52		42.97	28.13		5.86	2.08	
江 苏	0.35	0.76		8.79	11.62		41.92	28.81		4.77	2.48	
浙 江	0.85	0.59		3.59	7.40		18.76	25.17		5.23	3.40	
安 徽	0.32	1.21		13.08	6.24		131.46	37.73		10.05	6.05	
福 建	0.17	5.00		15.12	2.62		72.96	12.16		4.83	4.65	
江 西	0.85	1.97		9.44	5.49		34.33	16.90		3.64	3.08	
山 东	0.24	0.91		13.39	5.40		108.42	24.58		8.10	4.55	
河 南	0.22	0.60		11.56	16.20		57.64	63.47		4.99	3.92	
湖 北	0.09	0.50		17.59	11.72		117.54	34.42		6.68	2.94	
湖 南	0.34	1.89		11.18	9.78		46.39	33.36		4.15	3.41	
广 东	0.14	0.56		16.14	10.66		78.91	28.47		4.89	2.67	
广 西	0.35	0.25		3.74	8.78		31.23	41.37		8.35	4.71	
海 南	0.12	0.20		13.84	10.71		71.40	32.80		5.16	3.06	
重 庆	0.26	0.10		12.61	11.37		56.01	38.14		4.44	3.36	
四 川	0.98	0.67		3.55	3.41		31.08	18.96		8.76	5.56	
贵 州	0.05	0.28		11.15	5.63		45.00	18.18		4.03	3.23	
云 南	0.10	4.46		17.10	2.18		150.14	6.44		8.78	2.96	
西 藏												
陕 西	0.06	0.19		16.44	15.40		117.88	36.57		7.17	2.37	
甘 肃	0.10			9.33			62.96			6.75		
青 海	0.26			10.80			115.38			10.68		
宁 夏	0.13	0.10		14.80	7.56		48.80	38.00		3.30	5.03	
新 疆	0.01	5.24		17.48	4.93		40.00	16.09		2.29	3.26	
兵 团												

各地区使用《中国标准书号》各类图书的平均印数、平均印张、平均定价和平均印张定价（续表22）

Z 综合性图书

	平均印数（万册/种）			平均印张（印张/册）			平均定价（元/册）			平均印张定价（元/印张）		
	新版	重印	租型	新版	重印	租型	新版	重印	租型	新版	重印	租型
全国总计	0.44	1.56		10.73	9.17		87.71	47.15		8.18	5.14	
中　央	0.55	1.62		10.43	11.35		86.21	88.11		8.26	7.76	
地　方	0.39	1.54		10.90	8.25		88.58	29.75		8.13	3.61	
北　京	1.60	2.41		11.25	13.95		139.36	39.36		12.39	2.82	
天　津	0.37	0.96		7.57	19.50		54.07	68.79		7.15	3.53	
河　北	0.09			31.62			364.13			11.52		
山　西	0.11	0.50		27.65	13.36		191.18	28.60		6.92	2.14	
内蒙古	0.07	0.25		21.95	19.21		218.88	90.80		9.97	4.73	
辽　宁	0.08	0.70		28.83	9.52		201.37	30.08		6.98	3.16	
吉　林	0.13	0.57		12.24	8.18		84.32	32.14		6.89	3.93	
黑龙江	0.10	0.48		11.62	4.60		82.89	24.62		7.13	5.36	
上　海	1.51	1.56		7.95	11.33		49.44	42.27		6.22	3.73	
江　苏	0.45	0.95		13.80	10.57		109.12	35.00		7.91	3.31	
浙　江	1.82	0.68		3.62	8.47		31.21	29.39		8.62	3.47	
安　徽	0.09	0.82		21.40	9.74		145.42	52.24		6.80	5.36	
福　建	0.37	1.10		9.63	6.50		71.29	25.89		7.40	3.98	
江　西	1.03	2.20		7.13	9.86		42.51	30.12		5.96	3.05	
山　东	0.41	0.47		23.56	12.27		117.03	60.88		4.97	4.96	
河　南	0.22	1.05		15.23	12.75		114.56	26.00		7.52	2.04	
湖　北	0.11	0.73		17.66	6.05		112.67	21.28		6.38	3.52	
湖　南	3.23	1.71		5.05	8.95		30.83	31.59		6.11	3.53	
广　东	0.25	0.74		16.28	11.21		125.27	52.13		7.70	4.65	
广　西	0.46	0.98		7.83	2.89		103.92	33.08		13.27	11.44	
海　南	0.51	0.20		9.91	8.26		59.84	35.00		6.04	4.24	
重　庆	0.09	0.24		31.30	7.96		268.38	18.73		8.57	2.35	
四　川	0.56	2.72		8.50	11.69		54.96	31.14		6.47	2.66	
贵　州	0.09	131.00		22.47	2.15		176.94	8.11		7.88	3.77	
云　南	0.08	0.41		31.67	10.17		252.76	40.10		7.98	3.94	
西　藏	0.09	1.00		27.76	10.83		243.84	38.00		8.78	3.51	
陕　西	0.13	1.17		20.65	4.46		184.59	68.08		8.94	15.28	
甘　肃	0.13	0.40		22.59	12.32		129.94	44.78		5.75	3.63	
青　海	0.11			26.21			130.16			4.97		
宁　夏	0.07			31.18			273.15			8.76		
新　疆	0.57	0.10		7.17	4.63		18.06	21.07		2.52	4.55	
兵　团	0.08			16.89			171.59			10.16		

各类课本的平均印数、平均印张、平均定价和平均印张定价

	平均印数（万册/种）			平均印张（印张/册)			平均定价（元/册)			平均印张定价（元/印张)		
	新版	重印	租型	新版	重印	租型	新版	重印	租型	新版	重印	租型
课 本 合 计	**1.64**	**2.83**	**22.85**	**9.45**	**7.91**	**7.36**	**20.26**	**13.42**	**7.79**	**2.15**	**1.70**	**1.06**
(1) 大专及以上课本	0.61	0.47	0.30	17.07	18.25	28.50	41.96	45.73	39.00	2.46	2.51	1.37
(2) 中专、技校课本	1.52	1.47		15.08	13.58		33.76	28.97		2.24	2.13	
(3) 中学课本	9.35	16.18	20.45	7.00	7.43	8.57	8.23	8.41	8.90	1.18	1.13	1.04
(4) 小学课本	16.43	19.29	27.02	4.02	4.49	6.04	7.20	5.85	6.56	1.79	1.30	1.09
(5) 业余教育课本	0.66	0.79	4.44	23.99	17.16	5.41	65.49	44.50	4.94	2.73	2.59	0.91
(6) 扫盲课本	0.25			7.83			45.00			5.74		
(7) 教学用书	0.42	0.76	0.46	16.87	16.17	13.38	60.00	46.81	40.39	3.56	2.89	3.02

全国少数民族文字图书出版数量与上年相比增减百分比

	图书总计			使用《中国标准书号》部分								
	种数		印数	印张	书籍				课本			
	合计	新版			种数		印数	印张	种数		印数	印张
					合计	新版			合计	新版		
全国总计	-2.06	10.12	10.67	27.12	2.30	13.65	35.03	58.06	-13.08	-26.17	-9.70	-7.58
中 央	33.59	26.67	184.81	213.92	28.03	22.99	180.26	214.59	91.30	112.50	300.00	195.71
地 方	-3.81	8.61	6.87	15.85	0.67	12.73	28.18	39.92	-14.58	-31.55	-10.16	-8.45

续表

| | 不使用《中国标准书号》部分——图片合计 ||||
| | 种数 || 印数 | 印张 |
	合计	新版		
全国总计	100.00	100.00	-77.24	-90.36
中 央				
地 方	100.00	100.00	-77.24	-90.36

全国少数民族文字

	图 书 总 计				使用《中国标 书 籍			
	种数（种）		印数 （万册、张）	印张 （千印张）	种数（种）		印数 （万册、张）	印张 （千印张）
	合计	新版			合计	新版		
全国合计	5506	2556	4096	412101	4089	2390	2278	270870
中央合计	350	247	225	57918	306	230	213	55987
地　方	5156	2309	3871	354183	3783	2160	2065	214883
内 蒙 古	1911	604	1335	116771	1216	569	521	55456
辽　宁	174	85	38	5091	151	85	30	4546
吉　林	483	231	97	9462	327	205	60	6067
黑 龙 江	47	31	13	1039	47	31	13	1039
广　西	45	13	21	1128	29	13	9	564
四　川	528	235	507	66573	366	210	182	35803
贵　州	57	35	6	978	57	35	6	978
云　南	108	108	17	2149	59	59	6	1091
西　藏	350	86	315	30095	280	84	150	16394
甘　肃	233	88	152	11031	233	88	152	11025
青　海	220	64	261	21964	89	62	57	5986
新　疆	1000	729	1109	87902	929	719	879	75934

注：本年出版少数民族文字图书的文种有：布依文、朝鲜文、傣文、德宏傣文、侗文、规范彝文、哈尼文、哈萨克文、景颇藏文、壮文等20余种。

图书出版数量

《准书号》部分				不使用《中国标准书号》部分——图片合计				附：活页文选、影印书等用纸	
课　本									
种数（种）		印数（万册、张）	印张（千印张）	种数（种）		印数（万册、张）	印张（千印张）	印数（万册、张）	印张（千印张）
合计	新版			合计	新版				
1409	**158**	**1816**	**141123**	**8**	**8**	**8**	**2**	**100**
44	17	12	1931						
1365	141	1804	139192	8	8	8	2	100
695	35	814	61315						
23		8	545						
156	26	37	3395						
16		12	564						
162	25	325	30770						
48	48	9	957	1	1	7	2	94
70	2	165	13701						
								6
131	2	204	15978						
64	3	230	11967	7	7	1		

文、柯尔克孜文、拉祜文、傈僳文、满文、蒙古文、苗文、纳西文、佤文、维吾尔文、西双版纳文、锡伯文、瑶文、载佤文、

二、期刊出版

全国各地区各类期刊

	合　　计					种数 （种）
	种数 （种）	平均期印数 （万册）	总印数 （万册）	总印张 （千印张）	总金额 （万元）	
全国总计	10185	11048.33	200907	11897253	2173250	352
中　央	3106	5115.80	71580	5649324	969575	63
地　方	7079	5932.53	129326	6247928	1203674	289
北　京	171	128.57	2273	148656	29763	2
天　津	249	126.86	2528	120304	29539	2
河　北	225	173.55	3854	177105	30896	10
山　西	199	96.77	1940	128257	25108	3
内　蒙古	151	61.68	1082	54329	6111	3
辽　宁	322	327.73	5906	266453	45924	6
吉　林	241	126.59	3711	178933	33636	3
黑龙江	316	129.80	2324	124329	22177	8
上　海	642	401.40	5914	308475	68406	14
江　苏	478	317.55	11998	512486	125307	16
浙　江	236	322.09	6342	291821	54067	20
安　徽	186	176.42	3443	163007	31847	25
福　建	174	132.39	2003	101959	20159	6
江　西	166	274.08	7875	257177	58014	6
山　东	279	303.75	6445	290040	45263	17
河　南	252	256.65	6585	314872	49872	21
湖　北	433	376.79	7565	374122	68340	21
湖　南	259	387.40	9218	424899	84139	13
广　东	387	434.93	9539	475097	84206	26
广　西	179	146.82	3561	143388	28373	12
海　南	42	24.99	344	24707	4623	2
重　庆	143	143.30	3106	170160	38354	4
四　川	360	250.98	5077	280402	61554	14
贵　州	93	54.30	1410	91554	14650	5
云　南	129	120.10	1827	86974	14438	6
西　藏	40	22.12	248	14491	2338	1
陕　西	288	150.17	3348	189826	37528	6
甘　肃	131	361.02	8193	446265	72891	7
青　海	55	14.81	232	12957	1825	0
宁　夏	37	18.48	376	24761	5522	1
新　疆	199	58.52	925	43996	7242	8
兵　团	17	11.96	134	6125	1565	1

注：含高校学报、公报、政报、年鉴1612种，平均期印数280.22万册，总印数3437万册，总印张1551155千印张。

出版数量

\multicolumn{4}{c}{综　　合}	\multicolumn{5}{c}{哲学、社会科学}
平均期印数（万册）	总印数（万册）	总印张（千印张）	总金额（万元）	种数（种）	平均期印数（万册）	总印数（万册）	总印张（千印张）	总金额（万元）
610.96	13180	707257	130296	2686	6496.55	104449	5424055	1045662
69.67	1631	106660	25182	935	3948.77	53593	2939841	611361
541.28	11549	600597	105114	1751	2547.77	50856	2484214	434301
0.13	0.28	74	30	49	50.61	960	53592	10483
0.26	2	154	16	47	44.34	1029	44999	8543
1.87	20	1215	390	59	85.13	1544	74506	11261
0.95	31	2334	772	54	46.95	716	41414	8700
1.10	13	835	248	50	44.18	743	33660	2826
3.63	25	1824	425	73	187.77	3833	166692	26009
1.06	17	1102	324	62	43.14	1140	55506	8925
0.76	4	656	155	74	70.07	1049	57683	10453
5.85	43	2938	1160	147	148.37	2490	117834	23430
2.59	21	2140	649	105	133.07	5303	225534	54410
2.70	21	1341	420	49	114.86	1655	94264	17040
2.46	16	1368	325	34	63.71	1199	54812	10601
0.43	2	185	26	55	90.03	1369	63576	11355
1.32	20	1316	221	49	73.70	1654	76458	14397
8.49	254	11260	2245	77	171.55	2330	148761	19520
2.43	14	1304	251	68	123.75	2916	158096	24630
165.40	3152	129734	21958	106	102.27	2365	103107	19126
1.64	7	833	265	54	113.75	2130	99554	16486
13.02	155	8468	2147	100	202.87	4543	215981	32729
2.24	37	2237	467	46	63.51	1199	55318	8089
8.13	88	8809	1626	14	7.19	81	4527	835
1.92	31	2947	1065	33	97.07	1667	82007	16304
21.37	650	25059	6202	75	132.41	2362	129480	24790
0.67	6	558	203	30	39.40	1149	75904	11471
1.47	21	1677	568	39	87.62	1110	48573	6998
0.30	1	132	7	13	11.54	108	4882	782
1.50	14	1232	341	58	78.85	1832	97148	15466
286.48	6873	387978	62392	34	56.03	1062	38034	7641
0.00	0	0	0	21	7.69	136	5493	808
0.29	3	475	139	14	12.39	300	17773	3690
0.82	7	402	73	56	39.43	792	34901	5643
0.03	0.10	9	1.00	6	4.53	90	4145	857

全国各地区各类期刊

	自然科学、技术						
	种数 (种)	平均期印数 (万册)	总印数 (万册)	总印张 (千印张)	总金额 (万元)	种数 (种)	平均期印数 (万册)
全国总计	5088	1660.14	24664	2987539	404892	1400	1785.32
中　央	1608	647.24	8396	2022354	203453	361	341.88
地　方	3480	1012.91	16268	965184	201439	1039	1443.44
北　京	75	20.80	282	23213	4918	33	40.78
天　津	146	35.24	485	31452	8311	33	22.31
河　北	107	37.88	604	36229	7881	35	42.28
山　西	90	16.28	192	18255	3117	34	23.75
内蒙古	51	8.53	203	11890	1814	24	3.77
辽　宁	180	56.66	650	40957	9239	45	75.50
吉　林	105	12.93	162	14795	3628	45	27.50
黑龙江	163	38.93	847	40814	6493	53	12.93
上　海	361	97.49	1114	81115	18978	78	80.68
江　苏	266	88.61	1825	81307	18750	62	66.68
浙　江	118	34.68	361	23912	4453	32	157.67
安　徽	88	34.24	557	32745	4574	26	60.45
福　建	71	21.47	198	13531	3975	31	16.70
江　西	69	12.29	159	11019	1968	32	180.08
山　东	137	29.51	301	20325	4359	30	64.62
河　南	118	28.17	635	30670	6165	24	83.81
湖　北	213	51.09	655	54239	11926	63	35.94
湖　南	131	59.12	809	43476	8531	46	197.37
广　东	182	161.17	3582	182732	33335	47	46.51
广　西	76	29.10	551	25219	5771	29	48.91
海　南	13	2.54	47	2464	510	10	6.23
重　庆	84	15.95	256	23076	5410	19	27.65
四　川	211	39.80	514	43223	9048	43	51.73
贵　州	36	5.80	52	3886	915	15	7.34
云　南	51	10.48	194	10110	2409	21	13.84
西　藏	9	2.53	12	647	118	12	6.98
陕　西	175	39.37	864	51949	12704	35	22.72
甘　肃	65	7.95	62	5891	1070	21	9.27
青　海	18	1.92	10	634	105	8	3.42
宁　夏	11	2.55	19	1608	379	7	2.48
新　疆	54	8.80	58	3464	534	45	3.49
兵　团	6	1.03	5	338	49	1	0.03

出版数量（续表）

文化、教育			文学、艺术				
总印数（万册）	总印张（千印张）	总金额（万元）	种数（种）	平均期印数（万册）	总印数（万册）	总印张（千印张）	总金额（万元）
48384	2214887	463214	659	495.36	10230	563515	129187
6167	455872	98360	139	108.23	1793	124597	31220
42216	1759015	364854	520	387.13	8437	438918	97967
821	51310	9766	12	16.25	209	20468	4566
479	17907	4929	21	24.72	533	25792	7741
1579	57284	10072	14	6.39	107	7872	1292
825	56446	10226	18	8.85	176	9808	2293
82	4796	727	23	4.10	41	3149	496
1329	51665	8854	18	4.18	68	5315	1396
737	28838	6687	26	41.96	1656	78693	14072
349	20800	4191	18	7.12	75	4375	884
1181	55720	12992	42	69.00	1086	50869	11847
4021	163703	39876	29	26.59	827	39803	11622
4053	159512	28647	17	12.18	253	12793	3507
1389	57262	10391	13	15.56	281	16820	5955
402	21557	4257	11	3.76	33	3109	545
5838	159848	39520	10	6.69	204	8537	1908
2755	86222	13924	18	29.58	806	23473	5215
2472	100154	13804	21	18.49	548	24649	5021
939	51995	9134	30	22.08	453	35046	6196
5879	259863	54942	15	15.51	393	21174	3915
1129	57208	13547	32	11.36	129	10708	2448
1751	58796	13755	16	3.05	23	1817	290
120	8234	1516	3	0.91	8	673	136
1146	61865	15518	3	0.70	6	265	57
1482	77177	20571	17	5.67	70	5463	942
181	8619	1623	7	1.09	22	2587	438
368	19429	3335	12	6.69	134	7186	1128
123	8586	1401	5	0.77	3	244	30
453	28804	6514	14	7.72	184	10693	2502
187	13621	1705	4	1.29	8	740	83
69	5427	700	8	1.77	17	1402	212
46	4114	1234	4	0.77	8	791	80
31	2247	497	36	5.97	38	2983	495
0.18	9	1	3	6.35	38	1624	657

全国各地区少儿期刊、画刊出版数量

	少儿期刊					画刊				
	种数（种）	平均期印数（万册）	总印数（万册）	总印张（千印张）	总金额（万元）	种数（种）	平均期印数（万册）	总印数（万册）	总印张（千印张）	总金额（万元）
全国总计	208	1141.57	35571	1094224	296813	50	34.23	519	38737	12906
中　　央	34	186.92	4641	138015	47654	18	13.70	179	15875	3932
地　　方	174	954.66	30930	956210	249159	32	20.52	341	22862	8974
北　　京	4	13.25	170	10232	3093					
天　　津	8	13.86	412	13926	5658	1	0.53	3	221	63
河　　北	3	22.80	775	17979	3962	2	1.05	16	824	333
山　　西	3	2.09	51	1987	527	1	0.85	31	2277	765
内 蒙 古	5	9.60	218	8729	85	1	0.25	3	135	72
辽　　宁	7	30.58	540	16699	5452					
吉　　林	6	4.20	120	5014	2845	1	0.30	4	179	108
黑 龙 江	9	7.80	171	6308	1367	2	1.00	12	1950	360
上　　海	21	63.99	1308	38968	12070	1	0.65	3	256	260
江　　苏	11	67.06	5087	169003	52917	1	1.21	116	7546	3454
浙　　江	9	126.16	3153	83959	18212	2	1.15	13	653	327
安　　徽	9	62.59	1404	47390	11062	1	0.50	6	409	168
福　　建	3	7.24	263	8534	2310	1	0.28	3	193	62
江　　西	8	60.28	1564	40823	9926	2	0.76	7	560	187
山　　东	6	79.91	3165	79240	15916					
河　　南	4	5.70	234	6813	2340					
湖　　北	5	65.45	2268	58037	14271	1	1.00	24	1488	600
湖　　南	8	126.31	3918	138370	32382	1	0.00	0	0	0
广　　东	10	45.77	1312	35053	9529	3	1.74	20	1637	387
广　　西	8	24.73	1022	29471	8535	1	0.23	3	167	60
海　　南										
重　　庆	2	11.92	596	26504	7157					
四　　川	8	44.71	979	42154	11086	1	0.28	3	248	83
贵　　州						1	0.14	5	251	77
云　　南	3	8.90	245	10824	2241	1	1.00	18	1395	540
西　　藏	1	1.32	32	950	253					
陕　　西	5	28.35	1160	41580	10913	2	1.02	12	1048	241
甘　　肃	3	14.68	599	12211	3778					
青　　海	1	1.50	72	2268	360					
宁　　夏						1	0.29	3	475	139
新　　疆	4	3.92	92	3183	914	3	1.30	5	193	208
兵　　团						1	5.00	30	756	480

各类期刊占期刊出版总数的百分比

	种数	总印数	总印张	总金额
综　　　合	3.46	6.56	5.94	6.00
哲学、社会科学	26.37	51.99	45.59	48.12
自然科学、技术	49.96	12.28	25.11	18.63
文化、教育	13.75	24.08	18.62	21.31
文学、艺术	6.47	5.09	4.74	5.94
少 儿 期 刊	2.04	17.71	9.20	13.66
画　　　刊	0.49	0.26	0.33	0.59
动 漫 期 刊	0.27	0.54	0.38	0.60

主要刊期的期刊出版数量

	月刊					双月刊					季刊				
	种数（种）	平均期印数（万册）	总印数（万册）	总印张（千印张）	总金额（万元）	种数（种）	平均期印数（万册）	总印数（万册）	总印张（千印张）	总金额（万元）	种数（种）	平均期印数（万册）	总印数（万册）	总印张（千印张）	总金额（万元）
全国总计	3411	4439	53370	3223732	671894	3563	808	4849	403718	98592	1294	467	1855	88268	22856
中 央	1364	2144	25810	1663519	377298	789	272	1640	132592	42605	320	347	1377	52487	14546
地 方	2047	2295	27560	1560213	294596	2774	535	3209	271126	55987	974	120	478	35780	8310
北 京	69	86	1045	70663	15350	47	10	61	5625	1269	23	2	8	590	111
天 津	87	44	530	37895	8173	87	17	100	7930	1706	25	3	12	954	331
河 北	55	70	845	50500	8328	71	10	63	5462	1011	38	4	17	1389	195
山 西	55	45	538	34590	7675	68	11	66	5873	876	27	5	18	1208	341
内蒙古	42	26	319	15273	1772	65	8	49	3603	526	19	2	7	521	84
辽 宁	115	142	1698	73756	16220	134	23	135	10151	2718	27	3	13	1010	222
吉 林	67	22	269	17288	3824	79	10	60	5531	1035	25	2	8	635	171
黑龙江	104	66	795	45759	8071	117	16	95	8590	1850	30	2	9	736	189
上 海	226	208	2471	162187	33548	265	66	384	34473	8542	91	12	43	3199	1354
江 苏	100	75	902	56667	11047	215	48	292	27014	5383	75	9	35	2763	532
浙 江	77	192	2299	115681	18797	83	14	82	7067	1585	38	4	14	980	305
安 徽	50	88	1054	56855	11676	83	15	89	7735	1267	22	2	9	889	113
福 建	46	84	1006	51080	9518	73	13	83	7303	1344	41	5	19	1415	303
江 西	36	81	1029	46738	8769	67	10	62	4974	980	22	3	12	842	225
山 东	69	150	1800	90846	12461	125	32	191	13595	2691	37	5	19	1640	254
河 南	58	40	474	30480	5203	93	14	83	7075	1362	32	3	12	941	193
湖 北	132	185	2212	134181	22108	169	33	194	17367	3291	34	4	14	1192	244
湖 南	63	108	1348	69340	12572	113	20	117	11017	2002	39	6	23	2022	505
广 东	119	142	1682	98111	18857	151	46	272	19663	4566	39	4	17	1126	258
广 西	56	47	564	27366	4514	73	14	88	6568	1052	24	2	9	583	98
海 南	18	15	168	13488	2697	8	4	20	1987	495	6	1	3	242	38
重 庆	44	61	735	39778	9023	54	10	59	5509	1155	5	1	2	113	57
四 川	116	83	994	62410	16995	143	28	170	14756	2884	58	7	31	2131	510
贵 州	23	19	226	15385	2251	44	6	34	2931	641	12	2	9	875	297
云 南	41	89	1080	49365	7883	53	6	36	3333	506	14	1	6	424	70
西 藏	7	8	96	6602	1014	12	3	17	1234	216	16	8	35	1997	306
陕 西	79	35	413	34378	7359	107	19	113	10393	2229	43	7	27	2015	390
甘 肃	30	47	568	31325	5264	70	9	54	5909	1026	15	2	8	693	120
青 海	9	5	59	2783	481	16	2	15	1058	182	23	3	13	1224	120
宁 夏	13	5	56	3809	643	10	2	14	1298	318	6	1	2	172	24
新 疆	40	24	284	15534	2489	68	11	64	3959	544	66	9	21	1180	342
兵 团	1	0	2	97	13	11	8	46	2145	733	2	0	1	77	6

各类期刊的平均印张和平均定价

	每 册		每印张定价（元）
	印张	定价（元）	
综　　　合	5.37	9.89	1.84
哲学、社会科学	5.19	10.01	1.93
自然科学、技术	12.11	16.42	1.36
文　化、教　育	4.58	9.57	2.09
文　学、艺　术	5.51	12.63	2.29
少　儿　期　刊	3.08	8.34	2.71
画　　　刊	7.46	24.85	3.33
动　　　漫	4.14	12.04	2.91

全国少数民族文字期刊分类出版数量

	合计 种数（种）	平均期印数（万册）	总印数（万册）	总印张（千印张）	总金额（万元）	综合 种数（种）	平均期印数（万册）	总印数（万册）	总印张（千印张）	总金额（万元）	哲学、社会科学 种数（种）	平均期印数（万册）	总印数（万册）	总印张（千印张）	总金额（万元）
全国总计	229	82.93	830.46	40847.62	4213.40	9	0.55	3.28	234.10	57.41	77	59.68	679.18	30615.17	2788.18
中 央	17	11.99	61.33	3465.44	900.31	3	0.15	1.83	55.22	27.45	9	10.91	53.92	2852.22	761.26
地 方	212	70.93	769.13	37382.18	3313.09	6	0.40	1.45	178.88	29.96	68	48.77	625.26	27762.95	2026.92
内 蒙 古	45	26.69	402.79	17410.65	655.98						19	23.09	373.36	15421.86	410.46
吉 林	14	4.84	62.30	3964.46	447.82						5	3.71	47.76	2822.10	311.66
黑 龙 江	2	0.48	2.85	205.50	23.25										
广 西	1	0.60	3.60	144.00	28.80										
四 川	6	3.61	18.13	1198.31	203.07						3	2.62	12.49	773.10	118.50
云 南	3	0.42	1.88	88.51	15.80										
西 藏	16	8.54	56.27	2420.08	350.27	1	0.30	1.20	132.30	6.96	5	5.65	44.07	1651.95	257.50
甘 肃	3	0.70	2.60	231.68	19.00						2	0.20	0.60	60.48	6.00
青 海	13	2.78	15.76	1175.86	84.82						6	1.39	9.44	560.58	38.00
新 疆	109	22.27	202.95	10543.13	1484.28	5	0.10	0.25	46.58	23.00	28	12.12	137.54	6472.88	884.80

续表1

	自然科学、技术 种数（种）	平均期印数（万册）	总印数（万册）	总印张（千印张）	总金额（万元）	文化、教育 种数（种）	平均期印数（万册）	总印数（万册）	总印张（千印张）	总金额（万元）	文学、艺术 种数（种）	平均期印数（万册）	总印数（万册）	总印张（千印张）	总金额（万元）
全国总计	40	7.72	48.18	2244.21	321.91	39	3.69	29.57	1941.58	257.65	64	11.28	70.25	5812.56	788.25
中 央											5	0.93	5.58	558.00	111.60
地 方	40	7.72	48.18	2244.21	321.91	39	3.69	29.57	1941.58	257.65	59	10.35	64.67	5254.56	676.65
内 蒙 古	8	1.05	7.66	367.31	61.11	6	0.78	7.62	466.97	53.72	12	1.78	14.15	1154.51	130.69
吉 林	2	0.15	1.49	102.86	15.62	3	0.60	10.08	602.18	79.97	4	0.38	2.97	437.32	40.57
黑 龙 江											2	0.48	2.85	205.50	23.25
广 西											1	0.60	3.60	144.00	28.80
四 川						1	0.74	4.43	350.18	66.45	2	0.25	1.21	75.03	18.12
云 南											3	0.42	1.88	88.51	15.80
西 藏	3	1.27	5.08	194.78	32.00	4	0.85	4.10	295.57	39.25	3	0.47	1.82	145.48	14.56
甘 肃											1	0.50	2.00	171.20	13.00
青 海	2	0.22	0.88	62.24	8.02	2	0.37	2.08	168.66	10.00	3	0.80	3.36	384.38	28.80
新 疆	25	5.03	33.07	1517.02	205.16	23	0.36	1.26	58.02	8.26	28	4.67	30.83	2448.63	363.06

续表2

	少儿期刊 种数（种）	平均期印数（万册）	总印数（万册）	总印张（千印张）	总金额（万元）	画刊 种数（种）	平均期印数（万册）	总印数（万册）	总印张（千印张）	总金额（万元）
全国总计	6	10.07	222.18	9062.31	97.33	5	1.07	5.51	192.45	174.65
中 央						3	0.15	1.83	55.22	27.45
地 方	6	10.07	222.18	9062.31	97.33	2	0.92	3.68	137.23	147.20
内 蒙 古	2	9.00	212.32	8485.01	28.80					
吉 林	1	0.57	6.89	455.80	55.12					
黑 龙 江	1	0.38	2.25	112.50	11.25					
广 西										
四 川										
云 南										
西 藏										
甘 肃										
青 海										
新 疆	2	0.12	0.72	9.00	2.16	2	0.92	3.68	137.23	147.20

全国少数民族文字期刊出版数量与上年相比增减百分比

	种数	总印数	总印张	总金额
全国	0.00	5.41	4.42	9.40
中央	0.00	11.47	5.17	7.51
地方	0.00	4.95	4.35	9.93

三、报纸出版

全国各级报纸出版数量

		合　计				中央及省、自治区、直辖市级			
	种数（种）	平均期印数（万份）	总印数（万份）	总印张（千印张）	总金额（万元）	种数（种）	平均期印数（万份）	总印数（万份）	总印张（千印张）	总金额（万元）
全国总计	1752	15566.80	2830201	62857030	3660606	905	12395.41	1968260	42379446	2555670
中　央	204	2747.77	753460	19224587	958318	204	2747.77	753460	19224587	958318
地　方	1548	12819.03	2076740	43632443	2702287	701	9647.64	1214800	23154859	1597352
北　京	30	111.25	26900	843134	37104	30	111.25	26900	843134	37104
天　津	16	71.77	18775	485602	23618	16	71.77	18775	485602	23618
河　北	62	403.45	102681	1759347	117190	25	282.98	68183	928523	74442
山　西	54	3002.90	224164	1995376	267084	33	2927.35	200612	1533887	237506
内蒙古	53	93.35	23238	441003	26923	19	43.74	9807	196485	11183
辽　宁	66	390.15	54203	1114078	74187	18	270.23	24991	383404	34398
吉　林	46	798.18	55184	828757	92168	22	737.21	43454	614168	76873
黑龙江	51	205.58	31499	439351	52395	19	50.31	12677	184001	14642
上　海	67	318.68	64749	2043745	84175	67	318.68	64749	2043745	84175
江　苏	75	1055.43	189585	3688763	234327	29	749.90	107718	1824842	128528
浙　江	66	609.49	167758	4917538	195134	19	215.40	51725	1016823	63478
安　徽	48	234.25	54808	1030414	57928	16	123.87	27871	542962	30111
福　建	42	314.39	65213	2216995	91783	20	208.67	29039	1030373	36804
江　西	37	973.64	73110	868550	87747	16	902.59	54987	576350	67129
山　东	80	526.17	147459	3991113	163548	25	233.44	67542	1746471	69739
河　南	77	970.54	129096	2229205	203101	32	786.06	80722	1028705	127796
湖　北	68	243.54	59818	1601387	80795	25	117.85	29657	985734	40725
湖　南	44	387.20	66948	1563656	95452	19	286.46	37677	1012806	63838
广　东	92	538.12	144834	4601690	251129	31	249.67	59359	2247762	110871
广　西	42	160.48	45354	905699	55395	18	82.90	20151	475211	25973
海　南	13	58.15	16259	405717	22809	9	44.51	12457	314669	17264
重　庆	27	84.72	17028	331643	21453	24	79.85	15679	312390	20047
四　川	72	409.68	99972	1891025	135190	31	242.09	48568	935952	70441
贵　州	27	71.18	22100	477877	29604	11	32.51	9562	233483	13556
云　南	40	109.83	30235	555788	42564	16	61.08	15937	307845	27067
西　藏	26	40.67	9674	128642	7828	10	25.84	5591	88276	3983
陕　西	43	180.67	44317	843198	55060	27	119.56	27254	529471	33230
甘　肃	45	187.80	31006	442292	31012	20	136.61	15809	234871	18851
青　海	25	30.35	7324	181168	7266	12	15.69	3492	86123	4678
宁　夏	13	38.77	8578	165390	13942	7	29.10	6029	122683	10618
新　疆	82	164.74	37228	519914	35521	32	69.38	12435	186088	12347
兵　团	19	33.92	7643	124391	8855	3	21.09	5391	102021	6334

全国各级报纸出版数量（续表）

	地、市级					县　级				
	种数（种）	平均期印数（万份）	总印数（万份）	总印张（千印张）	总金额（万元）	种数（种）	平均期印数（万份）	总印数（万份）	总印张（千印张）	总金额（万元）
全国总计	827	3132.82	850843	20310184	1094578	20	38.57	11097	167401	10357
中　央										
地　方	827	3132.82	850843	20310184	1094578	20	38.57	11097	167401	10357
北　京										
天　津										
河　北	36	119.15	34178	824450	42381	1	1.32	319	6374	367
山　西	20	75.26	23523	461198	29525	1	0.30	29	291	54
内蒙古	31	48.31	13240	242817	15574	3	1.30	192	1701	167
辽　宁	45	118.13	28903	729128	39492	3	1.80	309	1546	298
吉　林	24	60.97	11731	214589	15294					
黑龙江	32	155.27	18822	255349	37754					
上　海										
江　苏	46	305.53	81867	1863921	105800					
浙　江	43	370.33	107891	3766029	124370	4	23.76	8143	134687	7286
安　徽	32	110.38	26936	487452	27816					
福　建	22	105.72	36174	1186622	54979					
江　西	19	67.90	17637	287347	19996	2	3.15	485	4853	622
山　东	55	292.73	79917	2244642	93808					
河　南	45	184.48	48374	1200500	75305					
湖　北	40	120.51	28738	601417	38714	3	5.17	1424	14236	1356
湖　南	25	100.74	29271	550850	31614					
广　东	61	288.45	85475	2353928	140258					
广　西	24	77.58	25203	430489	29422					
海　南	4	13.64	3802	91047	5545					
重　庆	3	4.87	1349	19252	1406					
四　川	41	167.60	51404	955073	64749					
贵　州	16	38.67	12537	244393	16048					
云　南	24	48.74	14298	247943	15497					
西　藏	16	14.82	4083	40366	3845					
陕　西	16	61.11	17062	313727	21829					
甘　肃	25	51.19	15197	207421	12161					
青　海	11	13.07	3653	91417	2394	2	1.59	179	3627	193
宁　夏	6	9.67	2549	42707	3323					
新　疆	49	95.19	24776	333740	23158	1	0.17	17	87	16
兵　团	16	12.83	2252	22370	2520					

各级综合报纸出版数量

	合计					中央及省、自治区、直辖市级				
	种数（种）	平均期印数（万份）	总印数（万份）	总印张（千印张）	总金额（万元）	种数（种）	平均期印数（万份）	总印数（万份）	总印张（千印张）	总金额（万元）
全国总计	829	5241.87	1710966	46434287	2186471	194	2727.32	911888	27051247	1172370
中　央	19	1012.37	356863	11328710	403794	19	1012.37	356863	11328710	403794
地　方	810	4229.50	1354104	35105577	1782677	175	1714.95	555025	15722537	768576
北　京	12	66.66	22737	763192	30300	12	66.66	22737	763192	30300
天　津	4	35.46	11548	388107	14913	4	35.46	11548	388107	14913
河　北	26	148.56	47666	1235478	63731	3	43.87	15709	444242	22351
山　西	22	122.53	37516	884313	58274	5	56.30	16076	443721	29860
内　蒙古	36	70.06	20998	404082	24210	7	24.38	7890	161941	8548
辽　宁	37	114.67	36502	977092	50978	7	36.25	11876	305139	14872
吉　林	21	51.91	15444	347880	17627	4	15.53	4943	142540	4217
黑龙江	25	61.02	19438	292248	28011	5	22.56	7571	132803	10321
上　海	11	112.73	40360	1503359	55498	11	112.73	40360	1503359	55498
江　苏	47	373.00	125561	3068444	168523	11	146.83	49591	1342365	71458
浙　江	42	417.84	141263	4449802	163271	4	101.38	35499	787279	43735
安　徽	27	118.24	37325	836884	39256	3	37.08	12629	374638	12829
福　建	22	154.67	52041	1463659	77187	5	53.06	16058	282644	22742
江　西	26	102.42	31143	624287	38276	7	42.66	13774	343263	18856
山　东	39	378.97	120646	3640478	140080	9	148.02	48075	1519843	55024
河　南	34	227.38	69088	1736562	118589	3	67.30	23529	575341	47057
湖　北	34	171.81	54670	1517894	70718	6	78.70	26167	932681	34134
湖　南	28	139.11	44339	1093998	53190	4	48.27	15740	555529	22524
广　东	46	412.99	128669	4072116	218117	5	184.69	50509	1846295	91188
广　西	25	119.19	37744	775102	45062	6	44.33	12850	347963	15743
海　南	4	29.72	10749	323323	15023	2	22.33	8053	254390	11190
重　庆	12	47.56	14821	289875	14855	9	42.69	13471	270623	13449
四　川	35	213.84	68918	1397209	87200	3	61.87	19793	502441	26273
贵　州	16	58.96	20156	454304	27216	3	22.44	7798	213498	11487
云　南	28	89.25	27555	512870	36876	4	40.51	13257	264927	21379
西　藏	19	24.90	7706	117171	5733	3	10.07	3623	76805	1888
陕　西	18	106.11	34596	710698	42499	4	51.74	17857	401662	21112
甘　肃	25	77.38	22825	361165	22327	6	31.32	8201	159754	10338
青　海	16	22.81	6532	167727	6311	4	9.35	2763	74555	3823
宁　夏	8	19.45	5798	102267	9488	3	11.38	3656	67693	6572
新　疆	47	106.56	32122	469676	30500	10	24.12	8035	141282	8561
兵　团	18	33.77	7628	124316	8840	3	21.09	5391	102021	6334

各级综合报纸出版数量（续表）

		地、市级					县 级				
		种数（种）	平均期印数（万份）	总印数（万份）	总印张（千印张）	总金额（万元）	种数（种）	平均期印数（万份）	总印数（万份）	总印张（千印张）	总金额（万元）
全国总计		617	2484.60	790648	19269600	1006448	18	29.95	8431	113440	7653
中 央											
地 方		617	2484.60	790648	19269600	1006448	18	29.95	8431	113440	7653
北 京											
天 津											
河 北		22	103.36	31638	784862	41014	1	1.32	319	6374	367
山 西		16	65.93	21412	440301	28361	1	0.30	29	291	54
内 蒙 古		26	44.39	12916	240440	15496	3	1.30	192	1701	167
辽 宁		27	76.62	24317	670407	35808	3	1.80	309	1546	298
吉 林		17	36.38	10501	205340	13410					
黑 龙 江		20	38.45	11867	159444	17690					
上 海											
江 苏		36	226.17	75969	1726079	97065					
浙 江		35	300.12	100226	3579925	114855	3	16.34	5539	82598	4681
安 徽		24	81.16	24696	462246	26427					
福 建		17	101.61	35984	1181014	54445					
江 西		17	56.60	16884	276171	18798	2	3.15	485	4853	622
山 东		30	230.96	72571	2120635	85056					
河 南		31	160.07	45559	1161220	71532					
湖 北		25	87.93	27080	570977	35228	3	5.17	1424	14236	1356
湖 南		24	90.84	28600	538469	30666					
广 东		41	228.31	78160	2225822	126929					
广 西		19	74.87	24894	427139	29319					
海 南		2	7.39	2696	68933	3833					
重 庆		3	4.87	1349	19252	1406					
四 川		32	151.97	49126	894769	60927					
贵 州		13	36.52	12358	240805	15728					
云 南		24	48.74	14298	247943	15497					
西 藏		16	14.82	4083	40366	3845					
陕 西		14	54.36	16739	309036	21387					
甘 肃		19	46.06	14625	201412	11989					
青 海		11	13.07	3653	91417	2394	1	0.39	117	1755	94
宁 夏		5	8.07	2142	34573	2917					
新 疆		36	82.27	24070	328308	21924	1	0.17	17	87	16
兵 团		15	12.68	2237	22295	2505					

各级专业报纸出版数量

		合 计				中央及省、自治区、直辖市级			
	种数（种）	平均期印数（万份）	总印数（万份）	总印张（千印张）	总金额（万元）	种数（种）	平均期印数（万份）	总印数（万份）	总印张（千印张）	总金额（万元）
全国总计	627	8648.45	926395	13384369	1214983	513	8259.92	883419	12714576	1154647
中 央	155	1357.21	333136	6643756	453024	155	1357.21	333136	6643756	453024
地 方	472	7291.23	593259	6740613	761959	358	6902.71	550282	6070820	701623
北 京	11	29.40	3435	70516	5686	11	29.40	3435	70516	5686
天 津	8	18.26	2711	30800	3289	8	18.26	2711	30800	3289
河 北	22	229.90	50636	456604	48878	17	218.20	48307	425687	47934
山 西	23	2851.82	181024	1031239	202773	20	2844.99	179043	1012942	201739
内 蒙 古	15	11.99	1103	14331	1322	10	8.07	779	11954	1244
辽 宁	11	235.46	14514	99797	21474	7	227.47	12502	71875	19164
吉 林	16	736.96	38641	467503	73466	11	713.92	37487	459090	71669
黑 龙 江	17	129.05	8299	108821	21489	9	15.37	1552	15756	1840
上 海	37	119.50	13525	378363	16858	37	119.50	13525	378363	16858
江 苏	17	352.34	42485	417750	53079	12	305.09	38695	344390	47814
浙 江	16	124.79	19154	343923	21521	9	72.41	10197	146114	12312
安 徽	11	26.04	5441	63834	7090	6	19.94	4358	53011	6911
福 建	12	138.78	11160	708778	11073	11	138.28	11138	708670	11051
江 西	5	844.75	39702	205564	44614	4	842.95	39442	204268	44355
山 东	22	90.17	18916	216175	14892	12	67.07	16300	187161	11515
河 南	31	626.78	53174	439014	75003	26	617.75	51247	415846	72387
湖 北	27	51.34	4004	60179	6617	15	30.82	2918	48971	4778
湖 南	7	170.80	16576	366740	28799	7	170.80	16576	366740	28799
广 东	30	74.11	10744	394819	20766	16	47.81	6278	325117	14812
广 西	11	34.26	6394	118831	8840	8	31.95	6104	115734	8751
海 南	8	26.29	5403	80249	7572	7	22.18	4404	60279	6074
重 庆	7	9.23	1252	27872	2486	7	9.23	1252	27872	2486
四 川	24	106.90	20159	331219	31390	20	99.69	18697	294734	28829
贵 州	5	4.59	930	12647	1112	4	3.94	828	10619	909
云 南	7	13.47	1967	34398	4838	7	13.47	1967	34398	4838
西 藏	5	12.67	1812	9495	2025	5	12.67	1812	9495	2025
陕 西	15	46.50	5950	83927	8694	14	43.45	5819	82616	8589
甘 肃	18	108.22	7719	76232	8339	13	103.59	7166	70698	8186
青 海	6	6.27	726	11531	852	6	6.27	726	11531	852
宁 夏	3	17.41	2365	54816	4021	3	17.41	2365	54816	4021
新 疆	24	43.06	3324	24576	3085	16	30.76	2650	20761	1907
兵 团	1	0.15	15	75	15					

各级专业报纸出版数量（续表）

	地、市级					县级				
	种数（种）	平均期印数（万份）	总印数（万份）	总印张（千印张）	总金额（万元）	种数（种）	平均期印数（万份）	总印数（万份）	总印张（千印张）	总金额（万元）
全国总计	113	381.10	40372	617705	57731	1	7.42	2604	52088	2604
中　　央										
地　　方	113	381.10	40372	617705	57731	1	7.42	2604	52088	2604
北　　京										
天　　津										
河　　北	5	11.70	2329	30917	945					
山　　西	3	6.83	1981	18297	1034					
内　蒙　古	5	3.92	324	2376	78					
辽　　宁	4	7.99	2012	27922	2310					
吉　　林	5	23.04	1154	8413	1797					
黑　龙　江	8	113.68	6746	93065	19649					
上　　海										
江　　苏	5	47.25	3790	73360	5264					
浙　　江	6	44.96	6353	145721	6605	1	7.42	2604	52088	2604
安　　徽	5	6.10	1082	10823	179					
福　　建	1	0.50	22	108	22					
江　　西	1	1.80	259	1296	259					
山　　东	10	23.09	2616	29015	3377					
河　　南	5	9.04	1927	23168	2616					
湖　　北	12	20.52	1086	11208	1839					
湖　　南										
广　　东	14	26.30	4466	69702	5955					
广　　西	3	2.31	290	3097	89					
海　　南	1	4.11	998	19970	1498					
重　　庆										
四　　川	4	7.20	1461	36485	2561					
贵　　州	1	0.65	101	2028	203					
云　　南										
西　　藏										
陕　　西	1	3.05	131	1312	105					
甘　　肃	5	4.63	553	5534	153					
青　　海										
宁　　夏										
新　　疆	8	12.30	674	3815	1178					
兵　　团	1	0.15	15	75	15					

各级生活服务报纸出版数量

		合计				中央及省、自治区、直辖市级				
	种数（种）	平均期印数（万份）	总印数（万份）	总印张（千印张）	总金额（万元）	种数（种）	平均期印数（万份）	总印数（万份）	总印张（千印张）	总金额（万元）
全国总计	178	419.72	34667	856800	63185	97	229.68	21034	528692	43714
中　　央	15	111.74	8422	210522	20876	15	111.74	8422	210522	20876
地　　方	163	307.98	26245	646278	42309	82	117.94	12612	318170	22838
北　　京	3	2.55	106	1771	142	3	2.55	106	1771	142
天　　津										
河　　北	11	10.23	600	17753	1149	2	6.14	389	9082	726
山　　西	6	15.59	2065	35307	3130	5	13.09	1935	32707	3000
内 蒙 古	1	0.30	15	150	45	1	0.30	15	150	45
辽　　宁	13	20.20	1701	22076	508	2				
吉　　林	5	4.09	210	5559	266	4	2.79	142	4883	199
黑 龙 江	5	2.79	130	1694	29	3	1.30	54	444	5
上　　海	9	14.96	2069	86882	3645	9	14.96	2069	86882	3645
江　　苏	7	36.11	2364	68227	3957	2	4.00	256	3745	487
浙　　江	5	33.10	1998	57743	4336	3	7.85	685	17359	1425
安　　徽	4	19.92	2620	51501	2698	2	7.40	2013	39874	2039
福　　建	6	7.65	379	11881	1072	2	4.05	209	6381	560
江　　西	3	15.07	1007	23712	2783	2	5.57	513	13832	1845
山　　东	15	28.18	3302	86902	4490	2	3.00	156	9360	312
河　　南	10	16.82	1031	18228	1441	1	1.45	142	2117	284
湖　　北	4	9.24	422	13842	1217	2	0.33	8	123	43
湖　　南	4	21.05	1671	24897	2958	3	11.15	1000	12516	2009
广　　东	10	8.37	404	32827	2968	9	8.07	388	32671	2905
广　　西	4	0.94	45	786	61	2	0.54	26	533	47
海　　南										
重　　庆	6	5.42	678	8052	869	6	5.42	678	8052	869
四　　川	9	16.20	1859	44893	2793	4	7.78	1042	21074	1531
贵　　州	3	1.50	78	1560	117	1				
云　　南	3	2.71	120	2388	132	3	2.71	120	2388	132
西　　藏										
陕　　西	6	10.85	849	15408	897	5	7.15	657	12028	559
甘　　肃	1	0.50	19	475	19					
青　　海	2	1.22	63	1898	102	1	0.02	1	26	2
宁　　夏	2	1.90	415	8308	433	1	0.30	9	174	26
新　　疆	6	0.50	26	1560	52	2				
兵　　团										

各级生活服务报纸出版数量（续表）

	地、市级					县 级				
	种数（种）	平均期印数（万份）	总印数（万份）	总印张（千印张）	总金额（万元）	种数（种）	平均期印数（万份）	总印数（万份）	总印张（千印张）	总金额（万元）
全国总计	80	188.84	13571	326236	19371	1	1.20	62	1872	100
中　央										
地　方	80	188.84	13571	326236	19371	1	1.20	62	1872	100
北　京										
天　津										
河　北	9	4.09	211	8671	423					
山　西	1	2.50	130	2600	130					
内　蒙　古										
辽　宁	11	20.20	1701	22076	508					
吉　林	1	1.30	68	676	68					
黑　龙　江	2	1.49	76	1250	24					
上　海										
江　苏	5	32.11	2108	64482	3470					
浙　江	2	25.25	1313	40384	2911					
安　徽	2	12.52	606	11627	659					
福　建	4	3.60	169	5500	513					
江　西	1	9.50	494	9880	939					
山　东	13	25.18	3146	77542	4178					
河　南	9	15.37	889	16111	1156					
湖　北	2	8.91	414	13719	1174					
湖　南	1	9.90	672	12381	948					
广　东	1	0.30	16	156	62					
广　西	2	0.40	19	253	14					
海　南										
重　庆										
四　川	5	8.42	817	23819	1261					
贵　州	2	1.50	78	1560	117					
云　南										
西　藏										
陕　西	1	3.70	192	3380	338					
甘　肃	1	0.50	19	475	19					
青　海						1	1.20	62	1872	100
宁　夏	1	1.60	407	8134	407					
新　疆	4	0.50	26	1560	52					
兵　团										

各级读者对象报纸出版数量

	合计					中央及省、自治区、直辖市级				
	种数（种）	平均期印数（万份）	总印数（万份）	总印张（千印张）	总金额（万元）	种数（种）	平均期印数（万份）	总印数（万份）	总印张（千印张）	总金额（万元）
全国总计	99	1100.49	138458	1936655	171817	85	1029.85	132838	1852668	162553
中　央	12	236.88	50849	994790	77084	12	236.88	50849	994790	77084
地　方	87	863.61	87609	941865	94734	73	792.97	81989	857878	85470
北　京	4	12.64	623	7654	977	4	12.64	623	7654	977
天　津	3	9.70	3263	41629	2910	3	9.70	3263	41629	2910
河　北	3	14.77	3778	49512	3432	3	14.77	3778	49512	3432
山　西	3	12.96	3558	44517	2908	3	12.96	3558	44517	2908
内蒙古	1	11.00	1122	22440	1346	1	11.00	1122	22440	1346
辽　宁	5	19.83	1486	15113	1227	2	6.51	614	6390	362
吉　林	3	4.01	769	6605	688	2	3.76	761	6445	668
黑龙江	3	12.13	3605	36048	2811	2	11.08	3500	34998	2475
上　海	9	44.46	6092	61627	6823	9	44.46	6092	61627	6823
江　苏	3	291.74	18945	127430	8192	3	291.74	18945	127430	8192
浙　江	3	33.77	5343	66070	6006	3	33.77	5343	66070	6006
安　徽	4	28.61	3206	38301	3372	3	18.01	2655	35545	2821
福　建	1	6.78	983	19657	1474	1	6.78	983	19657	1474
江　西	3	11.41	1258	14987	2074	3	11.41	1258	14987	2074
山　东	4	28.85	4596	47558	4086	2	15.35	3011	30108	2888
河　南	2	99.56	5804	35401	8068	2	99.56	5804	35401	8068
湖　北	2	9.15	674	8093	1763	1	6.00	516	2580	1290
湖　南	3	35.70	1628	30440	5038	3	35.70	1628	30440	5038
广　东	5	37.76	4519	91958	7783	1	9.10	2184	43680	1966
广　西	2	6.08	1171	10981	1432	2	6.08	1171	10981	1432
海　南										
重　庆	2	22.51	278	5844	3243	2	22.51	278	5844	3243
四　川	3	63.54	8124	81240	11985	3	63.54	8124	81240	11985
贵　州	3	6.13	937	9366	1159	3	6.13	937	9366	1159
云　南	1	3.90	573	5733	688	1	3.90	573	5733	688
西　藏	2	3.10	155	1975	70	2	3.10	155	1975	70
陕　西	4	17.21	2922	33165	2970	4	17.21	2922	33165	2970
甘　肃	1	1.70	442	4420	327	1	1.70	442	4420	327
青　海										
宁　夏										
新　疆	5	14.63	1756	24102	1884	4	14.51	1750	24044	1879
兵　团										

各级读者对象报纸出版数量（续表）

	地、市级					县 级				
	种数（种）	平均期印数（万份）	总印数（万份）	总印张（千印张）	总金额（万元）	种数（种）	平均期印数（万份）	总印数（万份）	总印张（千印张）	总金额（万元）
全国总计	14	70.64	5620	83987	9264					
中　　央										
地　　方	14	70.64	5620	83987	9264					
北　　京										
天　　津										
河　　北										
山　　西										
内　蒙　古										
辽　　宁	3	13.32	872	8723	865					
吉　　林	1	0.25	8	160	20					
黑　龙　江	1	1.05	105	1050	336					
上　　海										
江　　苏										
浙　　江										
安　　徽	1	10.60	551	2756	551					
福　　建										
江　　西										
山　　东	2	13.50	1585	17450	1198					
河　　南										
湖　　北	1	3.15	158	5513	473					
湖　　南										
广　　东	4	28.66	2335	48278	5817					
广　　西										
海　　南										
重　　庆										
四　　川										
贵　　州										
云　　南										
西　　藏										
陕　　西										
甘　　肃										
青　　海										
宁　　夏										
新　　疆	1	0.12	6	58	5					
兵　　团										

各级文摘报纸出版数量

		合　计				中央及省、自治区、直辖市级				
	种数（种）	平均期印数（万份）	总印数（万份）	总印张（千印张）	总金额（万元）	种数（种）	平均期印数（万份）	总印数（万份）	总印张（千印张）	总金额（万元）
全国总计	19	156.28	19714	244919	24150	16	148.65	19082	232263	22386
中　央	3	29.57	4191	46809	3541	3	29.57	4191	46809	3541
地　方	16	126.71	15524	198110	20609	13	119.07	14891	185454	18845
北　京										
天　津	1	8.36	1253	25067	2507	1	8.36	1253	25067	2507
河　北										
山　西										
内蒙古										
辽　宁										
吉　林	1	1.21	121	1210	121	1	1.21	121	1210	121
黑龙江	1	0.60	27	540	54					
上　海	1	27.03	2703	13515	1351	1	27.03	2703	13515	1351
江　苏	1	2.24	230	6912	576	1	2.24	230	6912	576
浙　江										
安　徽	2	41.45	6217	39894	5512	2	41.45	6217	39894	5512
福　建	1	6.51	651	13021	977	1	6.51	651	13021	977
江　西										
山　东										
河　南										
湖　北	1	2.00	48	1380	480	1	2.00	48	1380	480
湖　南	2	20.53	2733	47580	5467	2	20.53	2733	47580	5467
广　东	1	4.89	499	9971	1496					
广　西										
海　南	1	2.15	107	2145	215					
重　庆										
四　川	1	9.21	912	36464	1823	1	9.21	912	36464	1823
贵　州										
云　南	1	0.50	20	400	30	1	0.50	20	400	30
西　藏										
陕　西										
甘　肃										
青　海	1	0.05	2	12	1	1	0.05	2	12	1
宁　夏										
新　疆										
兵　团										

各级文摘报纸出版数量（续表）

	地、市级					县　级				
	种数（种）	平均期印数（万份）	总印数（万份）	总印张（千印张）	总金额（万元）	种数（种）	平均期印数（万份）	总印数（万份）	总印张（千印张）	总金额（万元）
全国总计	3	7.63	633	12656	1764					
中　　央										
地　　方	3	7.63	633	12656	1764					
北　　京										
天　　津										
河　　北										
山　　西										
内　蒙　古										
辽　　宁										
吉　　林										
黑　龙　江	1	0.60	27	540	54					
上　　海										
江　　苏										
浙　　江										
安　　徽										
福　　建										
江　　西										
山　　东										
河　　南										
湖　　北										
湖　　南										
广　　东	1	4.89	499	9971	1496					
广　　西										
海　　南	1	2.15	107	2145	215					
重　　庆										
四　　川										
贵　　州										
云　　南										
西　　藏										
陕　　西										
甘　　肃										
青　　海										
宁　　夏										
新　　疆										
兵　　团										

主要刊期的报纸出版数量

		周七刊				周六刊				周五刊				周四刊		
	种数（种）	总印数（万份）	总印张（千印张）	总金额（万元）	种数（种）	总印数（万份）	总印张（千印张）	总金额（万元）	种数（种）	总印数（万份）	总印张（千印张）	总金额（万元）	种数（种）	总印数（万份）	总印张（千印张）	总金额（万元）
全国总计	358	1591070	42901489	1973545	219	376210	7574703	483529	323	303208	5220955	400519	56	51982	904070	72353
中　　央	16	503914	13634650	545099	10	69738	1954185	112883	47	105903	2094572	154110	14	26114	559431	42832
地　　方	342	1087157	29266840	1428445	209	306472	5620518	370646	276	197305	3126383	246409	42	25868	344639	29521
北　京	7	21534	733131	27895	1	413	4126	825	4	2208	65107	4261				
天　津	5	12771	382708	15596					2	3750	62601	3500				
河　北	7	59340	949644	58033	18	28491	523630	42111	10	5327	102206	7539	2	1102	11020	291
山　西	13	38343	835147	62509	10	30973	251582	33541	8	8827	109152	12738	1	317	6336	1267
内蒙古	5	10485	210873	11676	11	5525	103095	6240	12	4706	87227	5965	4	421	6396	536
辽　宁	10	27654	812699	38221	8	3637	60706	4340	21	7618	134238	12624	1	213	1066	183
吉　林	5	9433	244329	9293	5	2799	38239	3314	9	3723	69790	5406				
黑龙江	11	18047	261244	23535	8	8351	100106	7669	8	2106	21135	2478	4	797	5571	771
上　海	12	45026	1725977	59525	2	190	3795	380	4	3762	90658	5037	2	1379	9568	3181
江　苏	29	110134	2787410	151344	17	31184	400368	38441	8	19487	175841	24105	4	4517	72750	1529
浙　江	28	132879	4314585	152991	8	13172	206949	12215	10	9683	168735	12094	1	1872	37440	1872
安　徽	8	21545	538841	21320	11	12364	193961	16634	12	10261	189904	9574	2	536	8426	468
福　建	19	51791	1436795	77143	2	845	28591	863	5	3849	84901	4094				
江　西	8	23067	530135	28084	6	4800	55898	6314	8	3623	41714	5465	1	749	7494	667
山　东	16	68825	2165676	79490	14	52687	1421561	54909	17	17599	258964	18800	1	2829	28288	2546
河　南	2	24341	638270	46522	21	35496	907356	59426	17	20747	380801	31201	1	194	3880	155
湖　北	6	33455	1130423	46360	15	15528	285634	17204	15	5567	97056	6175	1	555	11100	833
湖　南	18	38636	1004141	47953	1	1342	24768	1342	6	4616	74683	5175				
广　东	34	121258	3840845	197469	3	3475	190699	5801	10	6891	132688	10979	1	1520	15201	2280
广　西	15	33898	713488	40139	5	4899	88599	5885	4	2857	39453	3162	2	687	9052	1261
海　南	5	12284	338674	16865	1	763	12598	763	2	2108	42150	3716				
重　庆	3	10339	242163	13282	1	1803	23787	2087	6	3153	31525	2395	1	970	19404	1407
四　川	16	47168	1115483	66340	10	23384	299213	22132	14	12652	229720	16259	3	3290	49182	4889
贵　州	11	17533	406971	23614	2	1997	39984	2605	6	1760	20881	1603	2	462	4621	849
云　南	8	18557	361457	26341	8	6302	93510	8089	7	3764	78090	5168				
西　藏	8	7074	104768	5185	1	221	8753	221								
陕　西	8	25392	555797	30543	5	7013	123368	9509	7	5512	80273	5841	3	1837	17237	2703
甘　肃	12	18111	315106	18189	2	1484	24452	1484	9	3759	40859	2766				
青　海	4	5767	159908	5587	2	418	4765	365					1	440	8804	616
宁　夏	1	2747	49522	5494	1	772	15436	772	9	4550	82723	6848				
新　疆	7	15168	269524	16441	8	6147	84987	5168	23	11896	123850	10346	2	860	8600	860
兵　团	1	4555	91104	5466					3	946	9457	1093	2	320	3203	358

全国少数民族文字报纸出版数量

	种数 （种）	平均期印数 （万份）	总印数 （万份）	总印张 （千印张）	总金额 （万元）
全国总计	99	96.29	21677	242392	16797
中　　央	1	4.18	1435	14348	574
地　　方	98	92.10	20243	228044	16223
内　蒙　古	12	7.61	1946	27612	2014
辽　　宁	3	0.96	116	870	132
吉　　林	8	4.41	714	10766	649
黑　龙　江	1	0.44	63	1268	77
广　　西	1	0.50	25	250	25
四　　川	3	1.92	268	2680	188
云　　南	8	3.89	212	1727	5
西　　藏	12	19.89	5565	73144	4129
青　　海	7	4.83	203	1638	244
新　　疆	40	45.05	10885	106523	8496
兵　　团	3	2.61	245	1567	264

全国少数民族文字报纸出版数量与上年相比增减百分比

	种数	平均期印数	总印数	总印张	总金额
全　国	-1.00	-6.35	-10.34	-9.62	-9.67
中　央	0.00	-26.61	-28.29	-28.28	-28.29
地　方	-1.01	-5.16	-8.73	-8.12	-8.83

四、音像、电子出版物出版

按载体形式分类全国各地区录音制品出版品种、数量

单位：种、万盒（张）

		录音制品			发行数量	录音带（AT）			
		合计		其中：新版		合计		其中：新版	
		种数	数量	种数	数量		种数	数量	种数	数量
全国总计		4799	12448.01	2190	3088.24	12476.95	602	1769.30	142	253.22
中　　央		1744	9922.06	467	2480.56	9988.90	336	1596.44	61	234.20
地　　方		3055	2525.95	1723	607.68	2488.06	266	172.85	81	19.02
北　　京		223	134.41	219	133.85	134.35	9	3.45	9	3.45
天　　津		13	0.59	11	0.19	0.57				
河　　北		39	445.66	11	130.57	442.46	28	2.89	7	1.11
山　　西		53	77.00	14	1.40	76.90	1	0.60		
内 蒙 古		13	2.05	13	2.05	2.05				
辽　　宁		96	154.06	6	0.34	154.00				
吉　　林		39	87.84	3	0.17	86.71	18	42.85		
黑 龙 江										
上　　海		763	559.81	137	95.78	539.42	64	44.51	4	4.61
江　　苏		139	80.82	22	1.35	80.82	46	25.80		
浙　　江		66	149.85	39	3.21	149.85	12	1.49		
安　　徽		14	0.55	14	0.55	0.54				
福　　建		22	3.52	20	2.72	3.48				
江　　西		104	112.68	37	7.15	112.68	25	36.40	19	3.50
山　　东		64	6.36	49	3.41	6.19				
河　　南		2	0.13	2	0.13	0.13				
湖　　北		44	11.85	44	11.85	10.23	3	1.82	3	1.82
湖　　南		121	157.72	49	7.73	158.20				
广　　东		951	414.12	830	155.33	403.85	45	9.39	24	0.89
广　　西		116	56.02	63	29.45	55.63				
海　　南		16	1.54	16	1.54	1.54				
重　　庆		18	4.63	11	2.05	4.65				
四　　川		18	2.00	18	2.00	1.97				
贵　　州										
云　　南		38	7.17	38	7.17	6.90				
西　　藏		1	0.20	1	0.20	0.20				
陕　　西		58	19.10	39	6.70	18.97	15	3.65	15	3.65
甘　　肃		3	0.30	3	0.30	0.30				
青　　海										
宁　　夏										
新　　疆		21	35.99	14	0.49	35.50				
兵　　团										

按载体形式分类全国各地区录音制品出版品种、数量（续表）

单位：种、万盒（张）

		激光唱盘（CD）				高密度激光唱盘（DVD-A）				其他载体			
		合计		其中：新版		合计		其中：新版		合计		其中：新版	
		种数	数量	种数	数量	种数	数量	种数	数量	种数	数量	种数	数量
全国总计		3572	10503.73	1562	2718.96	62	51.16	41	48.95	563	123.82	445	67.12
中 央		1271	8283.83	334	2225.40	13	0.69	12	0.29	124	41.10	60	20.67
地 方		2301	2219.90	1228	493.56	49	50.48	29	48.66	439	82.72	385	46.45
北 京		141	63.66	139	63.36	13	48.10	13	48.10	60	19.20	58	18.94
天 津		4	0.50	2	0.10	9	0.09	9	0.09				
河 北		11	442.77	4	129.47								
山 西		52	76.40	14	1.40								
内 蒙 古		13	2.05	13	2.05								
辽 宁		91	150.33	5	0.31					5	3.73	1	0.03
吉 林		21	44.99	3	0.17								
黑 龙 江													
上 海		651	511.07	109	87.70	2	0.02			46	4.22	24	3.48
江 苏		59	52.43	6	0.56	18	1.80			16	0.79	16	0.79
浙 江		54	148.36	39	3.21								
安 徽		12	0.53	12	0.53					2	0.02	2	0.02
福 建		9	2.14	7	1.34					13	1.38	13	1.38
江 西		79	76.28	18	3.65								
山 东		50	5.45	35	2.49					14	0.92	14	0.92
河 南		1	0.11	1	0.11					1	0.02	1	0.02
湖 北		38	9.77	38	9.77	2	0.20	2	0.20	1	0.05	1	0.05
湖 南		116	157.47	44	7.48					5	0.25	5	0.25
广 东		646	354.27	571	135.06					260	50.46	235	19.38
广 西		115	55.97	62	29.40					1	0.05	1	0.05
海 南		16	1.54	16	1.54								
重 庆		17	4.13	11	2.05					1	0.50		
四 川		17	1.95	17	1.95					1	0.05	1	0.05
贵 州													
云 南		28	6.14	28	6.14					10	1.03	10	1.03
西 藏		1	0.20	1	0.20								
陕 西		39	15.21	20	2.81	3	0.21	3	0.21	1	0.04	1	0.04
甘 肃		3	0.30	3	0.30								
青 海													
宁 夏													
新 疆		17	35.91	10	0.41	2	0.06	2	0.06	2	0.02	2	0.02
兵 团													

按内容分类全国录音制品出版品种、数量

单位：种、万盒（张）

	录音制品 合计 种数	录音制品 合计 数量	录音制品 其中：新版 种数	录音制品 其中：新版 数量	录音带（AT）合计 种数	录音带（AT）合计 数量	录音带（AT）其中：新版 种数	录音带（AT）其中：新版 数量
全国合计	4799	12448.01	2190	3088.24	602	1769.30	142	253.22
其中：少儿出版	185	149.91	74	7.75	9	6.53	2	0.60
教育	2099	11636.74	475	2796.74	562	1756.99	113	248.54
语言	328	195.57	33	5.53	3	4.80		
文学艺术	2201	528.31	1581	274.95	29	4.39	27	4.08
科技	1	0.10	1	0.10				
经济	3	0.01	3	0.01				
体育	0	0.00	0	0.00				
军事	0	0.00	0	0.00				
文学	118	77.45	66	6.76				
综合	14	3.00	11	1.50	5	2.10	2	0.60
其他	35	6.84	20	2.65	3	1.02		

续表1

	激光唱盘（CD）合计 种数	激光唱盘（CD）合计 数量	激光唱盘（CD）其中：新版 种数	激光唱盘（CD）其中：新版 数量	高密度激光唱盘（DVD-A）合计 种数	高密度激光唱盘（DVD-A）合计 数量	高密度激光唱盘（DVD-A）其中：新版 种数	高密度激光唱盘（DVD-A）其中：新版 数量	其他载体 合计 种数	其他载体 合计 数量	其他载体 其中：新版 种数	其他载体 其中：新版 数量
全国合计	3572	10503.73	1562	2718.96	62	51.16	41	48.95	563	123.82	445	67.12
其中：少儿出版	165	142.37	61	6.14	1	0.03	1	0.03	10	0.98	10	0.98
教育	1471	9783.11	323	2485.65	31	50.20	12	48.00	35	46.45	27	14.56
语言	292	181.43	32	5.43	1	0.10	1	0.10	32	9.24		
文学艺术	1682	457.26	1144	219.81	18	0.55	16	0.54	472	66.10	394	50.52
科技					1	0.10	1	0.10				
经济					3	0.01	3	0.01				
体育												
军事												
文学	102	76.31	50	5.62	4	0.17	4	0.17	12	0.97	12	0.97
综合	9	0.90	9	0.90								
其他	16	4.72	4	1.55	4	0.03	4	0.03	12	1.07	12	1.07

按内容分类全国各地区录音制品出版品种、数量（AT）

单位：种、万盒（张）

	AT合计 种数	AT合计 数量	教育 种数	教育 数量	语言 种数	语言 数量	文化艺术 种数	文化艺术 数量	科技 种数	科技 数量
全国总计	602	1769.30	562	1756.99	3	4.80	29	4.39		
中央	336	1596.44	335	1596.24	1	0.20				
地方	266	172.85	227	160.75	2	4.60	29	4.39		
北京	9	3.45					9	3.45		
天津										
河北	28	2.89	28	2.89						
山西	1	0.60	1	0.60						
内蒙古										
辽宁										
吉林	18	42.85	18	42.85						
黑龙江										
上海	64	44.51	52	36.48	2	4.60	2	0.31		
江苏	46	25.80	46	25.80						
浙江	12	1.49	12	1.49						
安徽										
福建										
江西	25	36.40	25	36.40						
山东										
河南										
湖北	3	1.82	3	1.82						
湖南										
广东	45	9.39	27	8.76			18	0.63		
广西										
海南										
重庆										
四川										
贵州										
云南										
西藏										
陕西	15	3.65	15	3.65						
甘肃										
青海										
宁夏										
新疆										
兵团										

按内容分类全国各地区录音制品出版品种、数量（续表）
（AT）

单位：种、万盒（张）

		经济		体育		军事		文学		综合		其他	
		种数	数量	种数	数量	种数	数量	种数	数量	种数	数量	种数	数量
全国总计										5	2.10	3	1.02
中　　央													
地　　方										5	2.10	3	1.02
北	京												
天	津												
河	北												
山	西												
内 蒙	古												
辽	宁												
吉	林												
黑 龙	江												
上	海									5	2.10	3	1.02
江	苏												
浙	江												
安	徽												
福	建												
江	西												
山	东												
河	南												
湖	北												
湖	南												
广	东												
广	西												
海	南												
重	庆												
四	川												
贵	州												
云	南												
西	藏												
陕	西												
甘	肃												
青	海												
宁	夏												
新	疆												
兵	团												

按内容分类全国各地区录音制品出版品种、数量（CD）

单位：种、万盒（张）

	CD合计 种数	CD合计 数量	教育 种数	教育 数量	语言 种数	语言 数量	文化艺术 种数	文化艺术 数量	科技 种数	科技 数量
全国总计	3572	10503.73	1471	9783.11	292	181.43	1682	457.26		
中　央	1271	8283.83	723	8034.51	217	132.46	288	90.83		
地　方	2301	2219.90	748	1748.60	75	48.97	1394	366.43		
北　京	141	63.66					141	63.66		
天　津	4	0.50	2	0.40			2	0.10		
河　北	11	442.77	11	442.77						
山　西	52	76.40	38	75.00			4	0.40		
内蒙古	13	2.05					13	2.05		
辽　宁	91	150.33	84	148.02	2	2.00	4	0.30		
吉　林	21	44.99	18	44.82			2	0.09		
黑龙江										
上　海	651	511.07	142	299.26	41	15.99	468	195.81		
江　苏	59	52.43	52	50.71	3	0.70	4	1.01		
浙　江	54	148.36	42	147.40			8	0.82		
安　徽	12	0.53	3	0.18	1	0.06	7	0.28		
福　建	9	2.14					6	0.85		
江　西	79	76.28	38	18.90	1	6.00	2	0.65		
山　东	50	5.45	21	3.02			28	2.40		
河　南	1	0.11					1	0.11		
湖　北	38	9.77	25	6.02			13	3.75		
湖　南	116	157.47	68	140.25			30	15.42		
广　东	646	354.27	61	289.50			584	64.17		
广　西	115	55.97	112	46.06	1	9.50	2	0.41		
海　南	16	1.54	14	1.44			2	0.10		
重　庆	17	4.13					17	4.13		
四　川	17	1.95					17	1.95		
贵　州										
云　南	28	6.14			1	0.32	27	5.82		
西　藏	1	0.20					1	0.20		
陕　西	39	15.21	11	0.67	25	14.40	3	0.14		
甘　肃	3	0.30					3	0.30		
青　海										
宁　夏										
新　疆	17	35.91	6	34.18			5	1.52		
兵　团										

按内容分类全国各地区录音制品出版品种、数量（续表）
（CD）

单位：种、万盒（张）

	经济		体育		军事		文学		综合		其他	
	种数	数量	种数	数量	种数	数量	种数	数量	种数	数量	种数	数量
全国总计							102	76.31	9	0.90	16	4.72
中　　央							32	23.46			11	2.57
地　　方							70	52.85	9	0.90	5	2.15
北　　京												
天　　津												
河　　北												
山　　西							1	0.10	9	0.90		
内　蒙　古												
辽　　宁												1	0.01
吉　　林							1	0.08				
黑　龙　江												
上　　海												
江　　苏												
浙　　江							4	0.14				
安　　徽											1	0.01
福　　建							2	0.69			1	0.60
江　　西							37	49.23			1	1.50
山　　东											1	0.03
河　　南												
湖　　北												
湖　　南							18	1.80				
广　　东							1	0.60				
广　　西												
海　　南												
重　　庆												
四　　川												
贵　　州												
云　　南												
西　　藏												
陕　　西												
甘　　肃												
青　　海												
宁　　夏												
新　　疆							6	0.21				
兵　　团												

按内容分类全国各地区录音制品出版品种、数量
（DVD－A）

单位：种、万盒（张）

	DVD－A合计 种数	DVD－A合计 数量	教育 种数	教育 数量	语言 种数	语言 数量	文化艺术 种数	文化艺术 数量	科技 种数	科技 数量
全国总计	62	51.16	31	50.20	1	0.10	18	0.55	1	0.10
中　　央	13	0.69	1	0.40			3	0.05	1	0.10
地　　方	49	50.48	30	49.80	1	0.10	15	0.51		
北　　京	13	48.10	12	48.00			1	0.10		
天　　津	9	0.09					9	0.09		
河　　北										
山　　西										
内　蒙　古										
辽　　宁										
吉　　林										
黑　龙　江										
上　　海	2	0.02					2	0.02		
江　　苏	18	1.80	18	1.80						
浙　　江										
安　　徽										
福　　建										
江　　西										
山　　东										
河　　南										
湖　　北	2	0.20					2	0.20		
湖　　南										
广　　东										
广　　西										
海　　南										
重　　庆										
四　　川										
贵　　州										
云　　南										
西　　藏										
陕　　西	3	0.21			1	0.10	1	0.10		
甘　　肃										
青　　海										
宁　　夏										
新　　疆	2	0.06								
兵　　团										

按内容分类全国各地区录音制品出版品种、数量（续表）
（DVD－A）

单位：种、万盒（张）

	经济		体育		军事		文学		综合		其他	
	种数	数量	种数	数量	种数	数量	种数	数量	种数	数量	种数	数量
全国总计	3	0.01					4	0.17			4	0.03
中　　央	3	0.01					1	0.10			4	0.03
地　　方							3	0.07				
北　　京												
天　　津												
河　　北												
山　　西												
内 蒙 古												
辽　　宁												
吉　　林												
黑 龙 江												
上　　海												
江　　苏												
浙　　江												
安　　徽												
福　　建												
江　　西												
山　　东												
河　　南												
湖　　北												
湖　　南												
广　　东												
广　　西												
海　　南												
重　　庆												
四　　川												
贵　　州												
云　　南												
西　　藏												
陕　　西							1	0.01				
甘　　肃												
青　　海												
宁　　夏												
新　　疆							2	0.06				
兵　　团												

按内容分类全国各地区录音制品出版品种、数量
（其他载体）

单位：种、万盒（张）

	其他载体合计 种数	其他载体合计 数量	教育 种数	教育 数量	语言 种数	语言 数量	文化艺术 种数	文化艺术 数量	科技 种数	科技 数量
全　国	563	123.82	35	46.45	32	9.24	472	66.10		
中　央	124	41.10	18	14.65	27	5.04	70	20.47		
地　方	439	82.72	17	31.79	5	4.20	402	45.63		
北　京	60	19.20					59	19.19		
天　津										
河　北										
山　西										
内　蒙　古										
辽　宁	5	3.73			4	3.70				
吉　林										
黑　龙　江										
上　海	46	4.22					46	4.22		
江　苏	16	0.79					15	0.75		
浙　江										
安　徽	2	0.02					2	0.02		
福　建	13	1.38	12	1.35						
江　西										
山　东	14	0.92					12	0.79		
河　南	1	0.02								
湖　北	1	0.05					1	0.05		
湖　南	5	0.25					5	0.25		
广　东	260	50.46	5	30.44			254	19.52		
广　西	1	0.05					1	0.05		
海　南										
重　庆	1	0.50			1	0.50				
四　川	1	0.05					1	0.05		
贵　州										
云　南	10	1.03					4	0.73		
西　藏										
陕　西	1	0.04								
甘　肃										
青　海										
宁　夏										
新　疆	2	0.02					2	0.02		
兵　团										

按内容分类全国各地区录音制品出版品种、数量（续表）
（其他载体）

单位：种、万盒（张）

		经济		体育		军事		文学		综合		其他	
		种数	数量	种数	数量	种数	数量	种数	数量	种数	数量	种数	数量
全	国							12	0.97			12	1.07
中	央							3	0.11			6	0.83
地	方							9	0.86			6	0.24
北	京											1	0.01
天	津												
河	北												
山	西												
内蒙古													
辽	宁											1	0.03
吉	林												
黑龙江													
上	海												
江	苏											1	0.04
浙	江												
安	徽												
福	建							1	0.03				
江	西												
山	东							1	0.03			1	0.10
河	南											1	0.02
湖	北												
湖	南												
广	东							1	0.50				
广	西												
海	南												
重	庆												
四	川												
贵	州												
云	南							6	0.30				
西	藏												
陕	西											1	0.04
甘	肃												
青	海												
宁	夏												
新	疆												
兵	团												

按载体形式分类全国各地区录像制品出版品种、数量

单位：种、万盒（张）

		录像制品				录像带（VT）			
		合计		其中：新版		发行数量	合计		其中：新版
		种数	数量	种数	数量		种数	数量	种数	数量
全国总计		3373	4752.83	2373	952.71	4625.56				
中　　央		1527	3065.58	985	176.09	2950.51				
地　　方		1846	1687.25	1388	776.61	1675.05				
北　　京		115	22.41	114	22.36	22.17				
天　　津		12	1.08	12	1.08	1.08				
河　　北		3	1.67	3	1.67	1.67				
山　　西		11	1.63	11	1.63	1.38				
内　蒙　古		6	0.65	6	0.65	0.65				
辽　　宁		36	4.36	36	4.36	4.17				
吉　　林		176	11.36	171	10.46	8.29				
黑　龙　江		11	0.10	11	0.10	0.10				
上　　海		307	809.61	134	514.56	806.55				
江　　苏		26	2.73	24	1.91	2.73				
浙　　江		64	51.71	54	45.47	51.71				
安　　徽		9	0.60	9	0.60	0.95				
福　　建		12	3.25	12	3.25	3.61				
江　　西		188	321.57	52	26.82	321.57				
山　　东		120	18.71	102	11.88	16.25				
河　　南		28	2.11	17	1.66	2.11				
湖　　北		35	6.09	34	6.04	5.85				
湖　　南		80	38.30	52	18.07	41.92				
广　　东		189	35.58	183	13.49	32.27				
广　　西		12	2.65	12	2.65	2.65				
海　　南		5	1.47	5	1.47	1.47				
重　　庆		25	7.51	17	2.01	7.44				
四　　川		40	2.75	37	2.74	3.05				
贵　　州										
云　　南		66	11.04	66	11.04	10.37				
西　　藏		16	39.00	16	39.00	39.00				
陕　　西		69	62.81	57	2.89	62.57				
甘　　肃		13	2.25	13	2.25	2.25				
青　　海		12	0.25	12	0.25	0.13				
宁　　夏										
新　　疆		160	224.00	116	26.26	221.10				
兵　　团										

按载体形式分类全国各地区录像制品出版品种、数量（续表）

单位：种、万盒（张）

	数码激光视盘（VCD）				高密度激光唱盘（DVD-V）				其他载体			
	合计		其中：新版		合计		其中：新版		合计		其中：新版	
	种数	数量	种数	数量	种数	数量	种数	数量	种数	数量	种数	数量
全国总计	185	339.63	24	32.24	2612	4359.75	1837	871.21	576	53.45	512	49.25
中　　央	63	117.01	4	22.14	1130	2915.90	650	121.68	334	32.67	331	32.27
地　　方	122	222.62	20	10.10	1482	1443.85	1187	749.53	242	20.78	181	16.99
北　京					86	16.02	86	16.02	29	6.40	28	6.34
天　津					11	1.05	11	1.05	1	0.03	1	0.03
河　北					2	1.60	2	1.60	1	0.07	1	0.07
山　西					11	1.63	11	1.63				
内　蒙　古					5	0.55	5	0.55	1	0.10	1	0.10
辽　宁	1	0.20	1	0.20	34	4.09	34	4.09	1	0.07	1	0.07
吉　林					173	11.15	168	10.25	3	0.21	3	0.21
黑　龙　江					10	0.10	10	0.10	1	0.00	1	0.00
上　海	28	13.61			231	795.41	128	514.30	48	0.59	6	0.26
江　苏					18	2.45	16	1.63	8	0.28	8	0.28
浙　江	4	0.40			53	51.17	47	45.33	7	0.14	7	0.14
安　徽					5	0.45	5	0.45	4	0.15	4	0.15
福　建					9	2.85	9	2.85	3	0.40	3	0.40
江　西	85	204.01	19	9.90	98	114.59	32	16.92	5	2.97	1	0.01
山　东					86	18.10	68	11.26	34	0.62	34	0.62
河　南					13	1.54	13	1.54	15	0.57	4	0.12
湖　北					24	5.69	23	5.64	11	0.40	11	0.40
湖　南					77	37.94	49	17.71	3	0.37	3	0.37
广　东					179	35.27	173	13.18	10	0.31	10	0.31
广　西					11	2.55	11	2.55	1	0.10	1	0.10
海　南					4	1.37	4	1.37	1	0.10	1	0.10
重　庆	2	3.30			22	4.11	16	1.91	1	0.10	1	0.10
四　川					26	2.32	26	2.32	14	0.43	11	0.42
贵　州												
云　南					40	5.02	40	5.02	26	6.02	26	6.02
西　藏					16	39.00	16	39.00				
陕　西	2	1.10			64	61.53	54	2.71	3	0.18	3	0.18
甘　肃					13	2.25	13	2.25				
青　海					1	0.05	1	0.05	11	0.20	11	0.20
宁　夏												
新　疆					160	224.00	116	26.26				
兵　团												

-145-

按内容分类全国录像制品出版品种、数量

单位：种、万盒（张）

	录像制品 合计 种数	录像制品 合计 数量	录像制品 其中：新版 种数	录像制品 其中：新版 数量	录像带（VT）合计 种数	录像带（VT）合计 数量	录像带（VT）其中：新版 种数	录像带（VT）其中：新版 数量
全国合计	3373	4752.83	2373	952.71				
其中：少儿出版	192	651.72	127	512.98				
教 育	976	3447.95	367	145.24				
影视作品	860	92.68	821	86.20				
音乐舞蹈	393	161.59	315	74.54				
社会科学	317	113.83	294	59.53				
语 言	75	56.31	30	4.96				
体 育	9	1.23	4	0.20				
文 学	53	4.76	52	1.51				
医药卫生	91	16.48	78	4.66				
农业科学	111	156.19	27	19.40				
综 合	7	0.72	7	0.72				
其 他	481	701.09	378	555.74				

续表1

	数码激光视盘（VCD）合计 种数	数码激光视盘（VCD）合计 数量	数码激光视盘（VCD）其中：新版 种数	数码激光视盘（VCD）其中：新版 数量	高密度激光视盘（DVD－V）合计 种数	高密度激光视盘（DVD－V）合计 数量	高密度激光视盘（DVD－V）其中：新版 种数	高密度激光视盘（DVD－V）其中：新版 数量	其他载体 合计 种数	其他载体 合计 数量	其他载体 其中：新版 种数	其他载体 其中：新版 数量
全国合计	185	339.63	24	32.24	2612	4359.75	1837	871.21	576	53.45	512	49.25
其中：少儿出版					180	650.15	115	511.41	12	1.57	12	1.57
教 育	97	174.64	22	31.82	718	3266.81	198	107.39	161	6.49	147	6.04
影视作品					723	73.28	717	67.10	137	19.40	104	19.11
音乐舞蹈	25	46.79			340	112.34	296	72.16	28	2.46	19	2.38
社会科学	6	27.48			202	75.07	185	48.25	109	11.28	109	11.28
语 言	3	1.70			61	54.32	19	4.67	11	0.29	11	0.29
体 育	1	0.10			8	1.13	4	0.20				
文 学					50	4.61	49	1.36	3	0.15	3	0.15
医药卫生	1	0.20	1	0.20	52	14.71	39	2.89	38	1.57	38	1.57
农业科学	41	84.53			63	68.50	24	19.20	7	3.16	3	0.20
综 合					6	0.62	6	0.62	1	0.10	1	0.10
其 他	11	4.19	1	0.22	389	688.36	300	547.37	81	8.54	77	8.14

按内容分类全国各地区录像制品出版品种、数量
（VCD）

单位：种、万盒（张）

	VCD合计 种数	VCD合计 数量	教育 种数	教育 数量	影视作品 种数	影视作品 数量	音乐舞蹈 种数	音乐舞蹈 数量	社会科学 种数	社会科学 数量	语言 种数	语言 数量
全国总计	185	339.63	97	174.64			25	46.79	6	27.48	3	1.70
中　　央	63	117.01	42	79.88			1	1.60	6	27.48	1	0.60
地　　方	122	222.62	55	94.76			24	45.19			2	1.10
北　　京												
天　　津												
河　　北												
山　　西												
内 蒙 古												
辽　　宁	1	0.20										
吉　　林												
黑 龙 江												
上　　海	28	13.61	18	11.74			2	0.01				
江　　苏												
浙　　江	4	0.40	4	0.40								
安　　徽												
福　　建												
江　　西	85	204.01	32	79.43			21	45.08				
山　　东												
河　　南												
湖　　北												
湖　　南												
广　　东												
广　　西												
海　　南												
重　　庆	2	3.30	1	3.20			1	0.10				
四　　川												
贵　　州												
云　　南												
西　　藏												
陕　　西	2	1.10									2	1.10
甘　　肃												
青　　海												
宁　　夏												
新　　疆												
兵　　团												

按内容分类全国各地区录像制品出版品种、数量（续表）
（VCD）

单位：种、万盒（张）

	体育		文学		医药卫生		农业科学		综合		其他	
	种数	数量	种数	数量	种数	数量	种数	数量	种数	数量	种数	数量
全国总计	1	0.10			1	0.20	41	84.53			11	4.19
中　　央	1	0.10					9	5.02			3	2.33
地　　方					1	0.20	32	79.51			8	1.86
北　　京												
天　　津												
河　　北												
山　　西												
内 蒙 古												
辽　　宁					1	0.20						
吉　　林												
黑 龙 江												
上　　海												8	1.86
江　　苏												
浙　　江												
安　　徽												
福　　建												
江　　西							32	79.51				
山　　东												
河　　南												
湖　　北												
湖　　南												
广　　东												
广　　西												
海　　南												
重　　庆												
四　　川												
贵　　州												
云　　南												
西　　藏												
陕　　西												
甘　　肃												
青　　海												
宁　　夏												
新　　疆												
兵　　团												

按内容分类全国各地区录像制品出版品种、数量
（DVD－V）

单位：种、万盒（张）

	DVD－V合计		教育		语言		文学		体育		影视作品	
	种数	数量	种数	数量	种数	数量	种数	数量	种数	数量	种数	数量
全国总计	2612	4359.75	718	3266.81	61	54.32	50	4.61	8	1.13	723	73.28
中 央	1130	2915.90	441	2777.44	18	4.79			7	0.93	287	21.80
地 方	1482	1443.85	277	489.37	43	49.53	50	4.61	1	0.20	436	51.47
北 京	86	16.02	1	0.00							48	3.28
天 津	11	1.05										
河 北	2	1.60										
山 西	11	1.63	4	0.80							2	0.20
内 蒙 古	5	0.55										
辽 宁	34	4.09	8	1.28	3	0.90	4	0.20			1	0.40
吉 林	173	11.15	42	7.42	1	1.00	1	0.08			95	1.44
黑 龙 江	10	0.10									10	0.10
上 海	231	795.41	55	149.28	25	44.07	10	0.30			38	1.81
江 苏	18	2.45									3	0.50
浙 江	53	51.17	12	48.53							13	0.65
安 徽	5	0.45	2	0.14	1	0.05						
福 建	9	2.85									6	2.10
江 西	98	114.59	26	1.04	1	0.10	1	3.25			5	6.26
山 东	86	18.10	18	6.83	5	0.30					4	0.35
河 南	13	1.54										
湖 北	24	5.69	2	5.00								
湖 南	77	37.94	35	18.49			9	0.03			24	14.01
广 东	179	35.27	6	22.09							123	7.04
广 西	11	2.55									5	1.30
海 南	4	1.37										
重 庆	22	4.11	4	0.20								
四 川	26	2.32	1	0.10	1	0.01					16	1.73
贵 州												
云 南	40	5.02										
西 藏	16	39.00									4	0.90
陕 西	64	61.53	42	57.51	6	3.10			1	0.20	10	0.66
甘 肃	13	2.25	3	0.15							1	0.10
青 海	1	0.05									1	0.05
宁 夏												
新 疆	160	224.00	16	170.50			25	0.75			27	8.59
兵 团												

按内容分类全国各地区录像制品出版品种、数量（续表）（DVD－V）

单位：种、万盒（张）

	音乐舞蹈 种数	音乐舞蹈 数量	社会科学 种数	社会科学 数量	医药卫生 种数	医药卫生 数量	农业科学 种数	农业科学 数量	综合 种数	综合 数量	其他 种数	其他 数量
全国总计	340	112.34	202	75.07	52	14.71	63	68.50	6	0.62	389	688.36
中　央	81	40.84	147	42.42	20	4.22	13	4.94	2	0.26	114	18.27
地　方	259	71.50	55	32.65	32	10.49	50	63.57	4	0.36	275	670.09
北　京	26	11.80	1	0.02	2	0.07	1	0.05			7	0.80
天　津	1	0.05	10	1.00								
河　北	2	1.60										
山　西	3	0.35	2	0.28								
内蒙古	4	0.45									1	0.10
辽　宁	4	0.04			6	0.12					8	1.15
吉　林	25	0.57							2	0.16	7	0.48
黑龙江												
上　海	13	2.88			1	0.20					89	596.86
江　苏	9	0.85	2	0.09	1	0.15					3	0.87
浙　江	3	0.12	1	0.01					1	0.10	23	1.76
安　徽											2	0.26
福　建	2	0.55	1	0.20								
江　西	2	0.88	9	18.98	9	9.61	40	62.16			5	12.31
山　东	44	4.18	5	2.63	1	0.00	1	0.05			8	3.75
河　南	12	1.49									1	0.05
湖　北	7	0.14	2	0.08							13	0.47
湖　南	7	5.36	1	0.05	1	0.01						
广　东	34	3.03	2	1.81	1	0.01					13	1.30
广　西	1	0.10	1	0.80	2	0.15			1	0.10	1	0.10
海　南	1	0.05	3	1.32								
重　庆	10	3.05	1	0.06			1	0.50			6	0.30
四　川	3	0.17									5	0.31
贵　州												
云　南	16	3.10	11	1.02	1	0.01	6	0.19			6	0.70
西　藏	6	27.80									6	10.30
陕　西			1	0.02	2	0.01					2	0.04
甘　肃	5	0.90	1	0.10							3	1.00
青　海												
宁　夏												
新　疆	19	2.00	1	4.20	5	0.15	1	0.62			66	37.19
兵　团												

按内容分类全国各地区录像制品出版品种、数量
（其他载体）

单位：种、万盒（张）

	其他载体合计 种数	其他载体合计 数量	教育 种数	教育 数量	语言 种数	语言 数量	文学 种数	文学 数量	体育 种数	体育 数量	影视作品 种数	影视作品 数量
全国总计	576	53.45	161	6.49	11	0.29	3	0.15			137	19.40
中 央	334	32.67	69	4.26	2	0.02					95	18.47
地 方	242	20.78	92	2.23	9	0.27	3	0.15			42	0.93
北 京	29	6.40	25	0.26								
天 津	1	0.03										
河 北	1	0.07									1	0.07
山 西												
内 蒙 古	1	0.10										
辽 宁	1	0.07	1	0.07								
吉 林	3	0.21	1	0.05								
黑 龙 江	1	0.00										
上 海	48	0.59	3	0.13							33	0.30
江 苏	8	0.28	5	0.21								
浙 江	7	0.14										
安 徽	4	0.15									3	0.14
福 建	3	0.40									2	0.30
江 西	5	2.97	1	0.01								
山 东	34	0.62	30	0.47							1	0.03
河 南	15	0.57	14	0.53								
湖 北	11	0.40	4	0.12								
湖 南	3	0.37	3	0.37								
广 东	10	0.31	2	0.02								
广 西	1	0.10										
海 南	1	0.10										
重 庆	1	0.10										
四 川	14	0.43	3	0.01	9	0.27					1	0.05
贵 州												
云 南	26	6.02					3	0.15			1	0.05
西 藏												
陕 西	3	0.18										
甘 肃												
青 海	11	0.20										
宁 夏												
新 疆												
兵 团												

按内容分类全国各地区录像制品出版品种、数量（续表）
（其他载体）

单位：种、万盒（张）

	音乐舞蹈 种数	音乐舞蹈 数量	社会科学 种数	社会科学 数量	医药卫生 种数	医药卫生 数量	农业科学 种数	农业科学 数量	综合 种数	综合 数量	其他 种数	其他 数量
全国总计	28	2.46	109	11.28	38	1.57	7	3.16	1	0.10	81	8.54
中　　央	4	0.50	71	4.92	34	1.31	3	0.20			56	2.99
地　　方	24	1.96	38	6.36	4	0.26	4	2.96	1	0.10	25	5.56
北　　京	3	1.14									1	5.00
天　　津			1	0.03								
河　　北												
山　　西												
内 蒙 古					1	0.10						
辽　　宁												
吉　　林											2	0.16
黑 龙 江											1	0.00
上　　海	9	0.12	1	0.02							2	0.02
江　　苏			2	0.06							1	0.02
浙　　江											7	0.14
安　　徽											1	0.01
福　　建			1	0.10								
江　　西							4	2.96				
山　　东	2	0.11	1	0.01								
河　　南			1	0.04								
湖　　北	3	0.12	2	0.08	1	0.03					1	0.05
湖　　南												
广　　东	3	0.12	5	0.17								
广　　西	1	0.10										
海　　南					1	0.10						
重　　庆			1	0.10								
四　　川	0.10											
贵　　州												
云　　南			21	5.72					1	0.10		
西　　藏												
陕　　西	2	0.15			1	0.03						
甘　　肃												
青　　海			2	0.04							9	0.16
宁　　夏												
新　　疆												
兵　　团												

按载体形式分类全国各地区电子出版物出版品种、数量

单位：种、万盒（张）

		电子出版物					只读光盘（CD-ROM）			
		合计		其中：新版		发行数量	合计		其中：新版	
		种数	数量	种数	数量		种数	数量	种数	数量
全国总计		8199	31773.11	3948	1681.48	26469.36	5232	26436.21	2374	1246.89
中 央		3958	25592.71	1301	351.69	20294.38	2499	21231.43	586	155.64
地 方		4241	6180.40	2647	1329.79	6174.98	2733	5204.78	1788	1091.25
北 京		36	23.80	36	23.80	21.28	17	0.86	17	0.86
天 津		1	0.00	1	0.00	0.00				
河 北		119	155.71	62	24.84	151.98	95	144.99	48	19.32
山 西		37	1.85	36	1.80	1.85	37	1.85	36	1.80
内蒙古		100	89.29	42	16.29	89.00	71	56.25	35	9.28
辽 宁		216	125.76	139	14.78	123.69	177	122.00	101	11.09
吉 林		66	5.76	66	5.76	5.74	6	0.58	6	0.58
黑龙江		22	168.80	22	168.80	168.80	22	168.80	22	168.80
上 海		448	953.42	102	28.04	965.62	297	886.67	35	18.93
江 苏		442	2295.46	74	64.76	2295.44	207	2049.39	16	8.72
浙 江		229	674.19	144	390.66	674.16	132	406.26	93	369.67
安 徽		40	0.30	40	0.30	0.29	3	0.07	3	0.07
福 建		33	9.83	25	6.54	9.83	22	7.27	14	3.98
江 西		65	78.84	41	52.68	78.81	39	60.52	28	37.21
山 东		584	121.56	490	60.91	112.94	406	38.51	398	36.17
河 南		302	172.76	231	32.51	172.76	88	97.73	76	28.83
湖 北		198	30.86	193	30.30	30.69	158	28.62	156	28.31
湖 南		106	140.42	31	11.75	140.82	49	113.36	5	8.26
广 东		426	989.13	193	304.37	985.16	265	926.10	93	255.95
广 西		10	0.81	4	0.25	0.81	6	0.56		
海 南										
重 庆		112	49.08	51	8.09	51.19	21	5.45	16	4.70
四 川		502	38.61	480	34.40	39.94	493	38.15	471	33.95
贵 州		8	2.45	8	2.45	2.45				
云 南		14	40.88	14	40.88	40.88	9	40.82	9	40.82
西 藏		20	2.00	20	2.00	2.00	20	2.00	20	2.00
陕 西		102	8.58	99	2.58	8.60	93	7.96	90	1.96
甘 肃		2	0.20	2	0.20	0.20				
青 海		1	0.04	1	0.04	0.04				
宁 夏										
新 疆										
兵 团										

按载体形式分类全国各地区电子出版物出版品种、数量（续表）

单位：种、万盒（张）

	高密度只读光盘（DVD-ROM）				交互式光盘（CD-I）				其他载体			
	合计		其中：新版		合计		其中：新版		合计		其中：新版	
	种数	数量	种数	数量	种数	数量	种数	数量	种数	数量	种数	数量
全国总计	2026	4862.35	827	348.52					941	474.55	747	86.07
中　央	919	3924.61	306	140.08					540	436.67	409	55.97
地　方	1107	937.74	521	208.44					401	37.88	338	30.10
北　京	16	22.69	16	22.69					3	0.25	3	0.25
天　津									1	0.00	1	0.00
河　北	24	10.71	14	5.52								
山　西												
内蒙古	28	32.74	6	6.71					1	0.30	1	0.30
辽　宁	19	3.07	18	3.00					20	0.70	20	0.70
吉　林	54	4.70	54	4.70					6	0.48	6	0.48
黑龙江												
上　海	84	60.05	14	3.41					67	6.70	53	5.71
江　苏	205	245.86	28	55.83					30	0.22	30	0.22
浙　江	82	267.27	36	20.33					15	0.66	15	0.66
安　徽	32	0.12	32	0.12					5	0.12	5	0.12
福　建	11	2.56	11	2.56								
江　西	21	16.42	10	13.66					5	1.91	3	1.82
山　东	155	81.12	69	22.82					23	1.92	23	1.92
河　南	154	71.75	100	2.00					60	3.28	55	1.67
湖　北	28	1.58	25	1.33					12	0.66	12	0.66
湖　南	14	19.82	2	0.02					43	7.25	24	3.48
广　东	77	52.59	39	39.30					84	10.44	61	9.12
广　西	4	0.25	4	0.25								
海　南												
重　庆	80	43.39	24	3.16					11	0.24	11	0.24
四　川	8	0.26	8	0.26					1	0.20	1	0.20
贵　州									8	2.45	8	2.45
云　南	5	0.06	5	0.06								
西　藏												
陕　西	4	0.54	4	0.54					5	0.08	5	0.08
甘　肃	2	0.20	2	0.20								
青　海									1	0.04	1	0.04
宁　夏												
新　疆												
兵　团												

五、出版物印刷

全国出版物印刷生产情况

地区	企业家数	印刷产量 黑白	印刷产量 彩色	装订产量	用纸量
	(个)	(万令)	(万对开色令)	(万令)	(万令)
全 国	9518	18956.36	123687.09	29625.95	39304.82
北 京	934	1478.03	12981.97	2367.86	3227.99
天 津	225	345.02	2969.28	502.57	895.24
河 北	802	1788.22	4000.46	3260.78	2566.10
山 西	139	160.22	1354.62	301.52	375.01
内 蒙 古	175	93.56	818.63	114.60	253.58
辽 宁	187	402.58	2149.54	548.08	727.88
吉 林	211	380.92	1814.31	317.03	700.71
黑 龙 江	152	179.85	961.50	224.18	350.47
上 海	183	309.81	7762.96	522.82	1644.56
江 苏	438	1409.37	8975.18	2142.01	3047.44
浙 江	705	1675.54	13096.54	2531.28	3548.31
安 徽	358	444.88	4564.34	908.23	1069.39
福 建	287	586.57	2033.28	710.85	900.62
江 西	156	744.27	1823.23	888.77	1080.63
山 东	635	2238.03	8512.86	2989.28	3641.75
河 南	460	820.67	4911.99	1202.02	1478.47
湖 北	373	1057.76	4364.97	1460.28	1797.26
湖 南	493	795.02	6678.65	1453.96	1815.15
广 东	819	1690.43	19171.22	3949.68	5539.36
广 西	259	340.16	3066.61	500.68	799.71
海 南	46	43.05	586.16	30.08	140.78
重 庆	95	205.07	1559.57	329.07	435.43
四 川	305	874.56	2627.60	1104.59	1344.68
贵 州	160	72.93	1361.21	144.38	262.00
云 南	165	161.73	1528.12	232.09	363.74
西 藏	25	34.30	270.54	42.48	69.22
陕 西	316	336.90	1922.42	464.43	668.88
甘 肃	106	130.50	492.05	147.20	202.50
青 海	60	29.80	127.71	31.71	50.85
宁 夏	110	38.06	92.53	40.06	56.78
新 疆	130	81.73	1027.26	157.15	232.00
兵 团	9	6.82	79.78	6.23	18.33

全国出版物印刷企业财务情况

单位：家、万元、人

地区	单位数	资产年末合计	负债年末合计	所有者权益年末合计	主营业务收入	营业利润	利润总额	年末平均人数
全国总计	9518	25614765.86	12736573.91	12849200.85	16015250.62	675638.40	812830.26	357567
北　京	934	2914263.68	1307369.69	1606893.99	1506816.73	34898.83	45198.10	25034
天　津	225	430610.51	239252.34	191358.17	306041.49	-10635.00	-8400.17	6216
河　北	802	1196161.92	636326.22	559835.70	715675.32	48934.20	47045.97	25781
山　西	139	303470.17	183039.16	120431.01	162645.82	4987.82	5810.66	5547
内蒙古	175	147491.28	83270.00	64221.28	70319.06	2862.71	4432.47	2705
辽　宁	187	329240.77	144470.93	171810.90	187391.30	6115.03	14052.33	5000
吉　林	211	308466.67	166874.03	141592.64	181462.08	6028.38	7709.28	5271
黑龙江	152	200818.53	95513.97	105304.56	97383.25	-1622.03	1841.12	3344
上　海	183	1587818.89	788045.96	799772.93	1213854.36	76840.47	89602.05	13293
江　苏	438	1656602.61	811168.46	845434.15	1191996.11	83091.46	98872.72	24366
浙　江	705	2061025.02	1142157.41	918537.35	1180018.80	34923.44	49100.55	26434
安　徽	358	884234.28	350037.42	533985.86	536586.83	31794.88	43586.36	11730
福　建	287	917727.32	404994.96	512430.36	467497.76	15077.73	19466.87	11846
江　西	156	505868.73	244218.96	261649.77	275618.26	6083.34	8592.07	5962
山　东	635	2502215.72	1290859.05	1211356.67	1723262.20	99072.08	111257.91	35155
河　南	460	729483.55	331770.87	397712.68	459192.01	13539.88	14806.54	12293
湖　北	373	738155.85	391634.81	346521.04	493340.53	13485.34	16441.90	13639
湖　南	493	1066959.51	451232.20	614175.76	827241.45	59405.87	65116.68	17574
广　东	819	4071423.96	2126826.75	1942524.35	2736755.73	89903.69	99036.59	58132
广　西	259	568819.19	267714.72	294249.56	318285.51	30969.29	33977.80	6084
海　南	46	143924.20	51509.81	92414.39	68824.85	-369.23	-383.67	1520
重　庆	95	284008.36	144443.04	139330.32	173084.61	3250.48	7917.76	4203
四　川	305	480584.68	227629.38	252955.30	289161.61	9844.35	12033.23	9140
贵　州	160	231960.58	126585.79	103176.91	98907.61	4620.91	5474.06	3399
云　南	165	304103.96	111672.59	192431.37	184928.75	7757.73	7853.89	4816
西　藏	25	76998.06	42833.95	34164.11	33114.03	721.97	1428.78	724
陕　西	316	468089.76	273375.28	194714.47	235165.40	1849.32	3122.65	8597
甘　肃	106	160536.27	122516.73	38019.54	82758.68	432.95	649.39	3299
青　海	60	52376.95	30618.19	21430.56	26121.39	-622.81	97.67	1329
宁　夏	110	47012.55	27355.00	17709.06	26337.59	129.93	379.50	1004
新　疆	130	211086.25	103174.54	107911.71	130633.21	2452.38	6400.90	3721
兵　团	9	33226.08	18081.70	15144.38	14828.29	-186.99	308.30	409

六、出版物发行

全国新华书店系统、出版社自办发行单位出版物发行进、销、存情况

单位：万册（张、份、盒）、万元

	购进 数量	购进 金额	销售 数量	销售 金额	库存 数量	库存 金额
全国总计	2593460	44973585	2537601	43561574	739469	17057717
中　　央	316145	9736817	305735	9446972	157190	5926191
地　　方	2277315	35236767	2231865	34114602	582279	11131526
北　　京	23397	680512	24722	689990	13697	545288
天　　津	16267	372157	16304	374897	6293	154671
河　　北	101651	1579241	99199	1529283	45270	231925
山　　西	47939	635253	49280	616721	13236	205806
内 蒙 古	24843	292520	24713	288085	2649	72229
辽　　宁	34425	607357	35717	603424	9667	266269
吉　　林	28605	794522	28745	775984	8104	234956
黑 龙 江	18383	385979	18598	393523	2708	78239
上　　海	51983	1511121	51433	1503752	30114	1025464
江　　苏	235319	3597592	212558	3284885	131663	1725987
浙　　江	156982	3066427	152855	2934712	38750	1128884
安　　徽	120433	1677227	121172	1680959	19287	353873
福　　建	56527	783903	57713	805992	11999	187575
江　　西	101691	1677925	102655	1721312	12969	242495
山　　东	182430	2748755	178693	2604557	26465	799563
河　　南	187239	1848954	185085	1828561	11251	266624
湖　　北	67798	1057736	64909	1020923	10760	302135
湖　　南	142758	2301342	143310	2182082	61431	847642
广　　东	136504	1722102	135343	1689279	31286	497647
广　　西	98024	1041023	96531	1020648	10112	200585
海　　南	16835	218048	17186	227313	1387	17614
重　　庆	50322	652634	47940	618182	10826	201961
四　　川	100239	1983274	93416	1769120	27342	821385
贵　　州	50966	626183	50506	615816	5712	73977
云　　南	46938	695470	45318	677954	9138	178060
西　　藏	5590	55195	5865	61151	2098	18585
陕　　西	72974	1078711	71911	1066028	16886	236365
甘　　肃	42459	526511	42593	517447	3986	54536
青　　海	4082	51132	4131	51409	959	13351
宁　　夏	9369	135271	9415	134970	647	19662
新　　疆	44342	832691	44050	825641	5589	128173

全国新华书店系统、出版社自办发行单位出版物纯销售情况

单位：万元

	总计	零售 合计	零售 市、县	零售 县以下	批给县以下单位或个人	出口
全国总计	13351930	13297411	11948563	1348848	38069	16450
中　　央	726285	706481	706385	96	5619	14185
地　　方	12625645	12590930	11242178	1348752	32450	2265
北　　京	77443	77163	77158	6		280
天　　津	50538	50526	49144	1382		12
河　　北	552754	552418	525354	27064	336	
山　　西	523740	518992	474904	44088	4748	
内 蒙 古	153834	153758	153678	80	76	
辽　　宁	138795	138795	138783	12		
吉　　林	104528	101162	77736	23426	3367	
黑 龙 江	151814	151814	119706	32108		
上　　海	238992	237653	237653			1339
江　　苏	979718	969366	745711	223655	10242	110
浙　　江	1322055	1321709	1288050	33658	347	
安　　徽	739998	739679	664049	75630		318
福　　建	275038	274922	221178	53744		116
江　　西	572284	572196	454808	117388		88
山　　东	968904	968904	968904			
河　　南	676632	676632	469204	207428		
湖　　北	497796	497794	488778	9015		3
湖　　南	765092	765092	656905	108187		
广　　东	543895	540797	516168	24629	3097	
广　　西	406956	406956	342171	64785		
海　　南	69194	69194	69194			
重　　庆	192666	192666	171119	21547		
四　　川	1043037	1043037	1042812	225		
贵　　州	291636	291556	211222	80334	80	
云　　南	452073	452073	336302	115771		
西　　藏	24737	24737	24737			
陕　　西	338583	329431	308185	21247	9152	
甘　　肃	167165	167165	110059	57105		
青　　海	32519	32519	26910	5609		
宁　　夏	46894	46894	46887	7		
新　　疆	226339	225332	224710	622	1007	

全国新华书店系统、出版社自办发行单位出版物销售分类情况

单位：万册（张、份、盒）、万元、%

	2020年 数量	2020年 金额	2021年 数量	2021年 金额	增减 数量	增减 金额	2020年各类所占百分比 数量	2020年各类所占百分比 金额	2021年各类所占百分比 数量	2021年各类所占百分比 金额
销售总计	2299042	36589123	2537601	43561574	10	19				
零售合计	833721	11195226	928442	13297411	11	19	100.00	100.00	100.00	100.00
图书	819378	10750811	911248	12851151	11	20	98.28	96.03	98.15	96.64
哲学、社会科学	25028	808744	36461	1181285	46	46	3.00	7.22	3.93	8.88
文化、教育	753693	8715563	832979	10137090	11	16	90.40	77.85	89.72	76.23
其中：中小学课本及教参	350474	3030774	379761	3180987	8	5	42.04	27.07	40.90	23.92
教辅读物	354535	4421181	386171	5335362	9	21	42.52	39.49	41.59	40.12
文学、艺术	23279	703245	26087	959414	12	36	2.79	6.28	2.81	7.22
自然科学、技术	12988	419313	11964	473982	-8	13	1.56	3.75	1.29	3.56
综合	4391	103945	3757	99382	-14	-4	0.53	0.93	0.40	0.75
少年儿童读物	19810	522984	22696	732190	15	40	2.38	4.67	2.44	5.51
大中专教材、业余教育及教参	12359	307187	16758	447570	36	46	1.48	2.74	1.80	3.37
期刊	6031	153620	7433	163365	23	6	0.72	1.37	0.80	1.23
报纸	565	9530	2072	13285	267	39	0.07	0.09	0.22	0.10
音像制品	7309	66802	6642	57791	-9	-13	0.88	0.60	0.72	0.43
电子出版物	438	6976	1047	9400	139	35	0.05	0.06	0.11	0.07
数字出版物		207488		202419		-2		1.85		1.52
非出版物商品		1824898		1458512		-20				

全国出版物发行网点数量和人数

单位：处、人

	发行网点 合计	新华书店及其发行网点	供销社	出版社	邮政系统	新华书店系统外批发网点	集个体零售	新华书店系统出版社自办发行从业人数 全部职工	其中：新华书店及发行网点
全 国	188686	11228	10	396	33361	16839	126852	123243	113995
中 央	64			64				530	
地 方	188622	11228	10	332	33361	16839	126852	122713	113995
北 京	13672	121		19	2164	3139	8229	3554	2992
天 津	2520	54		12	518	341	1595	1414	1239
河 北	6530	553		9	58	339	5571	7617	6713
山 西	4988	483		7	1184	333	2981	4027	3370
内 蒙 古	3420	225		7		753	2435	3732	3666
辽 宁	4947	159		15	326	278	4169	2043	1928
吉 林	1295	104		14		187	990	2267	2085
黑 龙 江	2916	132		6	193	197	2388	2361	2338
上 海	3974	57		73	536	1631	1677	1740	1145
江 苏	19061	917		19	912	493	16720	5145	5005
浙 江	16019	777		10	2201	471	12560	5522	5409
安 徽	8409	776		12	1936	924	4761	6191	5990
福 建	3660	142	10	20	240	274	2974	3085	2954
江 西	6534	325		7	3002	528	2672	2194	1984
山 东	7399	643		3	178	482	6093	7933	7917
河 南	15215	1608		12	5492	714	7389	13920	12526
湖 北	6375	446		14		691	5224	6651	4531
湖 南	10144	1337		13	3248	781	4765	8192	7982
广 东	11719	371		1		1369	9978	5850	5849
广 西	3293	253		8	406	270	2356	3908	3828
海 南	1431	67		5	307	195	857	1062	1047
重 庆	5217	159		11	1783	277	2987	1938	1725
四 川	8335	250			1761	512	5812	7547	7547
贵 州	3257	128		6	584	159	2380	614	593
云 南	3468	452			1823	137	1056	3963	3963
西 藏	296	47		1	1	28	219	240	230
陕 西	5504	192		23	1068	595	3626	4240	3891
甘 肃	4171	217			1655	267	2032	2171	2171
青 海	748	51			153	176	368	518	518
宁 夏	936	34			331	117	454	343	343
新 疆	3169	148		5	1301	181	1534	2731	2516

七、出版物进出口

全国图书、期刊、报纸进出口情况

<table>
<tr><th colspan="2"></th><th colspan="2">出　口</th><th colspan="2">进　口</th></tr>
<tr><th colspan="2"></th><th>数量
（万册、份）</th><th>金额
（万美元）</th><th>数量
（万册、份）</th><th>金额
（万美元）</th></tr>
<tr><td colspan="2">总　计</td><td>699.47</td><td>3539.03</td><td>4435.73</td><td>37858.58</td></tr>
<tr><td rowspan="7">图书</td><td>合　计</td><td>552.77</td><td>3211.32</td><td>3636.71</td><td>25138.51</td></tr>
<tr><td>哲学、社会科学</td><td>88.78</td><td>905.37</td><td>130.41</td><td>2127.63</td></tr>
<tr><td>文化、教育</td><td>120.66</td><td>554.28</td><td>654.38</td><td>4448.07</td></tr>
<tr><td>文学、艺术</td><td>75.79</td><td>561.84</td><td>843.94</td><td>5736.99</td></tr>
<tr><td>自然科学、技术</td><td>25.15</td><td>217.94</td><td>266.99</td><td>3330.71</td></tr>
<tr><td>少儿读物</td><td>151.37</td><td>182.72</td><td>967.09</td><td>3343.54</td></tr>
<tr><td>综合性图书</td><td>91.02</td><td>789.17</td><td>773.90</td><td>6151.57</td></tr>
<tr><td colspan="2">期　刊</td><td>141.10</td><td>326.26</td><td>226.73</td><td>11732.55</td></tr>
<tr><td colspan="2">报　纸</td><td>5.60</td><td>1.45</td><td>572.29</td><td>987.52</td></tr>
</table>

注：以上数据为全国有出版物进口经营许可证的出版物进出口经营单位数据。

全国音像、电子出版物进出口情况

<table>
<tr><th colspan="2"></th><th colspan="2">出　口</th><th colspan="2">进　口</th></tr>
<tr><th colspan="2"></th><th>数量
（盒、张）</th><th>金额
（万美元）</th><th>数量
（盒、张）</th><th>金额
（万美元）</th></tr>
<tr><td colspan="2">总　计</td><td>1863.00</td><td>185.19</td><td>146387.00</td><td>42688.27</td></tr>
<tr><td rowspan="4">录音</td><td>合　计</td><td>194.00</td><td>0.31</td><td>143599.00</td><td>154.77</td></tr>
<tr><td>录音带（AT）</td><td>0.00</td><td>0.00</td><td>0.00</td><td>0.00</td></tr>
<tr><td>激光唱片（CD）</td><td>55.00</td><td>0.07</td><td>143599.00</td><td>154.77</td></tr>
<tr><td>数码激光唱盘（DVD-A）</td><td>139.00</td><td>0.24</td><td>0.00</td><td>0.00</td></tr>
<tr><td rowspan="4">录像</td><td>合　计</td><td>1648.00</td><td>4.15</td><td>2788.00</td><td>5.00</td></tr>
<tr><td>录像带（VT）</td><td>0.00</td><td>0.00</td><td>0.00</td><td>0.00</td></tr>
<tr><td>高密度激光视盘（DVD-V）</td><td>1648.00</td><td>4.15</td><td>2788.00</td><td>5.00</td></tr>
<tr><td>数码激光视盘（VCD）</td><td>0.00</td><td>0.00</td><td>0.00</td><td>0.00</td></tr>
<tr><td colspan="2">电子出版物</td><td>21.00</td><td>50.07</td><td>0.00</td><td>0.00</td></tr>
<tr><td colspan="2">数字出版物</td><td>130.66</td><td></td><td>42528.50</td><td></td></tr>
</table>

注：以上数据为全国有出版物进口经营许可证的出版物进出口经营单位数据。

八、版权管理及贸易

全国版权合同登记情况统计

单位:份

	合 计	图 书	期 刊	音像制品	电子出版物	软 件	电 影	电视节目	其 他
合 计	17610	14752	36	788	88	1353			593
中国版权保护中心		968		758		210			
北 京	7633	7581	36		14	2			
天 津	285	285							
河 北	198	198							
山 西	8	8							
内 蒙 古									
辽 宁	166	166							
吉 林	204	204							
黑 龙 江	108	108							
上 海	1215	1131		30	54				
江 苏	1777	647				1130			
浙 江	318	318							
安 徽	60	60							
福 建	115	113				2			
江 西	235	235							
山 东	364	364							
河 南	237	234							3
湖 北	260	260							
湖 南	399	398							1
广 东	917	311			20				586
广 西	264	264							
海 南	133	131				2			
重 庆	107	107							
四 川	1093	1091				2			
贵 州	66	66							
云 南	180	180							
西 藏									
陕 西	274	266				5			3
甘 肃	15	15							
青 海									
宁 夏	8	8							
新 疆	3	3							

全国作品自愿登记情况统计

单位：份

	合计	文字	口述	音乐	曲艺	舞蹈	杂技	美术	摄影	建筑	影视	设计图	地图	模型	其他
合　计	4051221	300727	4924	50875	444	279	50	1694362	1591157	289	261202	23834	1308	628	121142
中国版权保护中心	593692	27054	31	2692	18	34		474632	41929	15	28875	2930		93	15389
北　京	1025501	6546		34308				6107	967103		677	4	1		10755
天　津	94253	475		65	25			5080	86819		233	1193	1	9	353
河　北	64318	13657	7	234	113	35	15	21438	18039	2	2180	7561	13	25	999
山　西	467	100		8				238	20		86	3	1		11
内蒙古	6007	686		312	33	13	1	2834	1739		65	80	3	3	238
辽　宁	15813	1498		249		6	1	4980	7428	81	36	15	2	11	1506
吉　林	6849	130		63				5930	539		1				186
黑龙江	2844	298		56				457	2009		7	17			
上　海	345668	21375		4640	1	18		200029	64219	7	23163	140	38	7	32031
江　苏	371776	65725	4586	791	10	50	4	207727	15051	11	36161	993	183	13	40471
浙　江	45743	1091		286		3		39707	3290		219	181	1		965
安　徽	175896	53430		577	53	20	2	31032	53916	4	33847	872	2	141	2000
福　建	176768	3117		733	3	4		160394	4198	10	7234	176	6	3	890
江　西	35323	9940		99		12		11887	11000	1	661	42	435	1	1245
山　东	230814	12018	12	640	60	17	13	89427	123480	17	2490	1653	11	29	947
河　南	2487	742	13	116	3	8		1307	126		99	9	3		61
湖　北	76293	12335		224	2		11	42101	465		20987		148		20
湖　南	59974	8663	8	184	7	6		20977	23535	117	2702	277	15	23	3460
广　东	66882	1463	2	833	27	6		46196	6732		4187	2311	341	4	4780
广　西	1499	302		131	12	3	1	882	56		71	21		7	13
海　南	334	69		113				111			12	4			25
重　庆	183199	3380		393		2	1	40432	53573	1	84687	299	13	39	379
四　川	183233	35814	3	785	34	21		60865	83571	20	1353	520	15	192	40
贵　州	200937	4328	9	1444	12	8	1	180836	4122	3	3367	4301	75	25	2406
云　南	23368	6854		573				8442	5545		30	58			1866
西　藏	6	6													
陕　西	29610	1871		200	28	4		10794	9210		7430	2		2	69
甘　肃	30037	7172	253	36	1	6		18854	3430		250	6		1	28
青　海	22	4		2		3		13							
宁　夏	568	95		15	2			371	13		72				
新　疆	1040	489		73				282			20	166	1		9

引进出版物版权汇总表

原版权所在国家或地区名称	合计	图书	录音制品	录像制品	电子出版物
引进版权总数（项）	12220	12005	63	124	28
美国	3218	3211	6		1
英国	2659	2624	13	22	
德国	888	883	2	3	
法国	762	742	6	14	
俄罗斯	101	97	1	3	
加拿大	126	125		1	
新加坡	270	267	1	2	
日本	2025	1990	5	23	7
韩国	445	441		2	2
香港地区	153	129	19	4	1
澳门地区	2	2			
台湾地区	360	355	4	1	
其他	1211	1139	6	49	17

输出出版物版权汇总表

版权购买者所在国家或地区名称	合计	图书	录音制品	录像制品	电子出版物
输出版权总数（项）	12770	11795	238	23	714
美国	887	849	11		27
英国	446	417			29
德国	435	403			32
法国	166	165			1
俄罗斯	1025	1000			25
加拿大	233	228			5
新加坡	668	549		9	110
日本	371	366	2		3
韩国	512	458	16		38
香港地区	726	539	182		5
澳门地区	58	58			
台湾地区	1005	784	5	5	211
其他	6238	5979	22	9	228

版权执法

案件查处情况				收缴盗版品情况			
项　目	上年度数量	本年度数量	同比增减（%）	项　目	上年度数量	本年度数量	同比增减（%）
行政处罚数量（件）	2198	2665	21.25	合计（册、件、盒、张）	5823250	7096151	21.86
案件移送数量（件）	251	212	-15.54	书刊（册）	4485627	5154128	14.90
检查经营单位数量（个）	243267	293097	20.48	软件（件）	168872	125606	-25.62
取缔违法经营单位数量（个）	1178	775	-34.21	音像制品（盒、张）	514160	700779	36.30
查获地下窝点数量（个）	169	196	15.98	电子出版物（张）	127194	103882	-18.33
其中：地下光盘生产线（条）	1	35	3400.00	其他（件）	527397	1011756	91.84
违法经营网站服务器（个）	1144	758	-33.74				
罚款金额（人民币元）	35946385	25135271	-30.08				

九、出版机构、人员

各地区图书、音像、出版物印刷、物资机构数及职工人数

单位：家、人

	图书出版单位 机构数	图书出版单位 职工人数	出版物印刷单位 机构数	印刷物资公司 机构数	印刷物资公司 职工人数	音像出版单位 机构数	音像出版单位 职工人数
全国总计	587	66178	9518	16	1198	377	3482
中　央	220	28816				150	727
地　方	367	37362	9518		1198	227	2755
北　京	20	1112	934			13	75
天　津	12	893	225	1	15	6	26
河　北	8	904	802			5	67
山　西	8	657	139	2	110	3	94
内　蒙　古	7	545	175			1	39
辽　宁	18	1460	187			20	90
吉　林	15	1813	211			9	106
黑　龙　江	13	894	152	1	42	3	
上　海	40	3814	183			25	303
江　苏	19	2746	438	1	227	7	96
浙　江	14	1492	705	1		7	100
安　徽	11	1034	358			7	93
福　建	11	776	287	1	31	5	168
江　西	7	1310	156	1	52	5	115
山　东	17	2188	635	1	377	13	115
河　南	12	1394	460	1		6	237
湖　北	14	2120	373	1	97	7	78
湖　南	13	1454	493	1	160	12	102
广　东	19	1792	819	1	56	19	276
广　西	8	1405	259			5	51
海　南	4	350	46			2	4
重　庆	3	1198	95			6	40
四　川	16	1468	305	1		10	188
贵　州	6	388	160	2	31	1	3
云　南	8	762	165			9	47
西　藏	2	91	25			2	8
陕　西	17	1810	316			11	46
甘　肃	9	294	106			3	49
青　海	2	169	60			2	16
宁　夏	3	168	110			1	8
新　疆	10	839	130			2	115
兵　团	1	22	9				

注：全国图书出版社587家，其中含副牌社24家。